# POLNAREFF PAR POLNAREFF

MICHEL POLNAREFF

*Avec la collaboration de Philippe Manœuvre*

# POLNAREFF PAR POLNAREFF

BERNARD GRASSET
PARIS

Conception graphique, Frank Loriou

*Tout est sexe.*
*Même un livre commence par une...*

*... Introduction*

Bonne chance avec ta vie
conjuguée au verbe je

J'ai vu le jour ou plutôt l'ai perçu, vu ma myopie naissante, un 3 juillet à Nérac.

Quand j'étais petit, j'avais très peur de devenir aveugle. J'étais obsédé par cette idée qu'un jour, soudain, je ne verrais plus. Une nuit des années 50, j'étais en vacances dans le Cantal avec ma mère. Un orage terrible a ébranlé toute la région. Je me réveille dans le noir total. Mort de peur, je cherche la poire électrique de la lampe de chevet. J'appuie sur la poire. Rien. Aucune lumière. Me croyant aveugle, je pousse un terrible hurlement. En fait l'orage avait provoqué une coupure électrique.

Alors que psychologiquement j'avais peur de devenir aveugle, il se trouve que, de longues années plus tard, la science ayant accompli de fulgurants progrès, une intervention chirurgicale m'a en effet ramené du monde des bigleux. Sans cela, je serais bel et bien devenu aveugle. Mon angoisse enfantine était donc justifiée, parfaitement.

J'ai cette chance, quand j'ai envie de quelque chose, je l'obtiens. Quelquefois, ça prend plus de temps que prévu mais oui, c'est ma chance, rencontrer mes buts, toujours.

Le passé est immobile, le passé m'emmerde. « Ce qui a été fait est fait » nous répète-t-on. On ne peut plus rien bouger.

Et pourtant, la seule chose intéressante du passé, c'est le moyen de s'en inspirer pour changer l'avenir.

Ou changer le passé.

On le peut et c'est intéressant...

Tu es petit. Et un soir, une nuit, tu entends ta mère crier dans la chambre. Quelqu'un lui fait mal ? Tu ne sais pas quoi faire pour la sauver. Tu es trop petit, trop maigre... Vingt ans après, quand tu comprends que ta mère, en fait, était en train de faire des galipettes amoureuses, tu changes ton passé.

Et tu réalises alors que nous venons tous plus ou moins du pied de notre mère.

J'ai eu plusieurs vies et plusieurs morts. Certains jours, j'ai l'impression d'en être à ma quatrième vie. Je suis quelque part mort au moins trois fois comme un phénix qui renaîtrait de ses cendres... !

Partir de chez mes parents fut une naissance. Sûrement la vraie.

Ce jour-là, mon apprentissage commence.

Certaines fortes dépressions sont dangereuses.

En sortir est une réincarnation.

Le mec qui se tient devant vous aujourd'hui n'est plus le même que celui qui prenait le Concorde avec Grace Jones pour aller night-clubber à New York. Je suis souvent entré en studio, sorti de cliniques, je me suis fait spoutniquer !

Un jour on m'a opéré des yeux.

Je n'ai jamais eu aussi peur de ma vie. J'ai quitté le monde des non-voyants pour rejoindre celui des non-morts.

Depuis, je fais extrêmement attention à mes yeux. Tous les jours, mes fans m'écrivent. Je descends sur mon site Web, le www.polnaweb.com, je lis leurs courriers électroniques. Je les aime. Ils m'ont responsabilisé. Grâce à mon site, de ma retraite californienne, je suis relié à la France, électroniqué.

Le mur de mon site est ouvert à tous, sans aucune censure. 70 % des internautes râlent, se plaignent de n'avoir pas de nouveaux disques de moi.

Oui, mais c'est un peu leur faute.

Je veux ne leur donner que de l'exceptionnel.

Quand je fais un disque, je pense au bonheur que je veux donner.

# *Polnareff par Polnareff*

La notion d'artiste ne doit être que générosité.

Un artiste sans générosité est un faux artiste.

Aujourd'hui, j'écris un livre.

Ça me changera de ceux qui écrivent sur moi des bouquins qui racontent des vies que je n'ai pas vécues.

Des morts que je n'ai pas eues.

Des films que je n'ai pas tournés.

Des musiques que je n'ai pas écrites et des chansons que je n'ai jamais chantées.

# I. Qui aime bien châtie bien, mon père devait m'adorer

Mon parcours commence donc un 3 juillet à Nérac. La présumée ville natale du vrai d'Artagnan. Pendant la guerre, mon père résistait là-bas, dans le Lot-et-Garonne. Mes premiers souvenirs sont ceux de mon enfance à Paris, dans le quartier de République. Souvenirs que j'aimerais définitivement oublier. J'ai eu une enfance dure. Très dure.

Tout était basé sur le travail.

Dès l'âge de quatre ans, on m'assoit devant un piano. J'en joue dix heures par jour. Toute mon enfance, je serai trimbalé entre le Cours Hattemer-Prignet, rue de Londres, où je suis tout le temps premier, et les cours de solfège au Conservatoire national de musique de Paris, rue de Madrid.

Il faut que je sois premier en tout, au Conservatoire comme en classe.

Si je suis second ma mère menace aussitôt de se suicider car mon père va venir et me corriger avec sa ceinture, du côté de la boucle.

Ma mère était bretonne et danseuse, une formidable danseuse. Jazz moderne, jazz acrobatique, claquettes, souplesse. Sublime...

Beaucoup plus âgé qu'elle, mon père était compositeur et pianiste de jazz.

Il s'échappera de Russie pendant la révolution sur un bateau de croisière où il avait été engagé comme musicien. Il débarque en Turquie où il épousera sa première femme. Il était souvent parti en tournée, soit avec son orchestre de jazz très coté à l'époque, soit accompagnait au piano des artistes comme

Piaf, Charles Trenet, Jean Sablon, Jacques Tati, entre autres.

C'était le bon côté.

Car quand il était là...

J'ai appris le solfège à la schlague.

Il était russe d'Odessa.

J'ai été élevé par un père né au XIX$^e$ siècle.

Il m'a eu tard.

Bref, enfance épouvantable dans un appartement rempli de gros meubles sombres.

Parquet ciré, patins et pas de baisers.

Pas de chambre à moi, juste une alcôve dans la salle à manger.

Nous avons une vieille radio, mais je n'ai pas le droit de l'écouter. En cachette, j'écoute Radio Luxembourg, the Station of the Stars. Un soir mon père me surprend en pleine diffusion de « West Side Story ». Évidemment, ce sera la correction, immédiate. Musique trop moderne !

Ma mère, douce et tendre, tente de prendre ma défense quand les choses deviennent trop violentes. Cette femme, que j'adorais, vivait dans la même terreur que moi. Elle se demandait quand mon père allait revenir, quelles questions il allait poser...

Nous n'avions jamais de répit.

Je pense que si les mêmes choses se passaient aujourd'hui, mon père, ce héros de la Résistance, irait directement en prison.

Il aurait dû être sténodactylo, jamais une faute de frappe.

A trois ans je compose ma première mélodie, do sol la si do ré mi ré do si sol la si.

Ne sachant pas encore écrire, mon père la note sur une feuille de papier.

Je commencerai réellement la musique à l'âge de cinq ans.

A onze ans et demi, sur dispense spéciale de l'État, je suis Premier prix au Conservatoire de la rue de Madrid, médaille d'Or de solfège dans une catégorie où la moyenne d'âge est de dix-sept ans.

Je déteste Czerny.

La Méthode Rose de Van de Velde, au titre alléchant, est loin de l'être.

Première affirmation du manuel de théorie : « La musique est l'art des sons. »

D'ailleurs, interrogé au Conservatoire sur la définition de la musique, je réponds : « La musique est l'art des sons et il ne faut pas oublier la cédille » ce qui me vaut un blâme et le retour de la boucle.

Mon professeur de solfège s'appelle Madame Lemitre, celui de piano, Mademoiselle Brousse.

Je joue du Debussy, du Chopin. Sur le piano droit, un buste de Chopin. Ma mère aime Chopin. Dès mon retour de l'école, on me remet au Chopin.

Suis-je content de cette incroyable culture musicale qu'on m'inculque de force et qui me permet depuis d'écrire la musique couramment ? Ça m'aide beaucoup. Mais j'ai connu d'incroyables musiciens, des guitaristes surtout, qui ne savent pas écrire une note de musique et qui jouent comme des dieux.

« Comment faire arrêter un guitariste de jouer ? Tu lui donnes une partition... ».

La connaissance peut tout bloquer.

Au Conservatoire, par exemple, on m'a appris qu'il ne fallait surtout pas, jamais, faire de quartes successives.

Henri Mancini s'est heureusement empressé d'oublier cette règle, l'intro du thème de « La Panthère Rose » en est la preuve. Il n'aurait pas osé cette dissonance sur « Moon River ».

Toute ma vie, en composant, je n'ai pas arrêté de désapprendre volontairement. Rien ne me fait plus plaisir que de faire exactement le contraire de tout ce que j'ai appris.

Pour que je puisse jouer tard le soir sans trop déranger les voisins, mon père a installé un système spécial, avec une sourdine. Nous habitons au troisième étage, et je suis pris en sandwich entre ceux qui tapent au plafond, ceux qui tapent au plancher et celui qui me cogne dessus.

Avec le temps, j'ai développé un système de défense et essayé d'effacer de ma mémoire les souvenirs pénibles de mon enfance catastrophique. J'étais littéralement forcé par mon père à être le premier partout. Sinon... Question d'amour-propre paternel, probablement.

Vers l'âge de onze ans, je passe devant le Cirque d'Hiver, au retour de l'école. Là, je traîne, je regarde. Je suis fasciné et émerveillé par les roulottes et surtout celle de l'inoubliable Luis Mariano, chanteur de « Violettes Impériales ».

J'étais fasciné par la famille Bouglione.

Ils sont devenus plus tard des amis.

Parfois, en cachette, je me glisse dans le gymnase de la rue Jean-Pierre-Timbaud pour regarder avec admiration les trapézistes s'entraîner, des petites filles faire leurs premiers sauts périlleux avec des harnais. Je rêve, contemplant ce monde de muscles et de souplesse, endroit fabuleux où traînent jongleurs et fil-de-féristes.

Aujourd'hui encore, au cours de mes entraînements journaliers, je pense à cet endroit et suis fier de m'être rapproché physiquement des héros de mon enfance.

Je ne saurai jamais si mes parents s'aimaient.

Si tel était le cas, ça devait être en cachette.

Je n'ai jamais assisté à la moindre déclaration entre eux.

Mon père tutoyait ma mère...

Ma mère vouvoyait mon père.

Il m'a infligé le solfège comme on gave une oie pour obtenir du foie gras.

Fils unique, je n'ai jamais eu le droit de jouer avec les autres enfants, ni celui de sortir dans la rue. Si je demandais une montre pour Noël, j'avais un train électrique. Si je demandais un train électrique, j'avais une montre. Aujourd'hui, je me passionne pour les gadgets et jouets dernier cri que peut nous offrir le monde moderne. Je suis parfaitement conscient de prendre une revanche. Je compense. C'est la seule façon que j'ai trouvée de me réconcilier avec mon enfance.

Nous habitons rue Oberkampf. La grande sortie consiste à aller au Bataclan, alors petit cinéma de quartier. En cachette de mon père, il ne faut surtout pas être en retard pour le dîner.

Nos minutes sont comptées...

Ma mère m'emmène voir les nouveaux films hollywoodiens. Après les actualités et avant le film, entracte.

Quête pour les acteurs à la retraite, glaces

et poisons sucrés, on assiste à diverses représentations, trapézistes, jongleurs, statues humaines peintes en doré ou en argent, chiens savants... C'est dans cette salle que je vois tous les films du Hollywood classique, grands films romantiques comme « La Comtesse aux pieds nus » avec Ava Gardner et Humphrey Bogart, comédies musicales avec Gene Kelly et Fred Astaire... Les « Dix Commandements » avec mon futur voisin Charlton Heston.

J'ai perdu ma mère trop tôt.

Des années plus tard, je me suis retrouvé à Hollywood. J'ai rencontré toutes ses idoles. Chaque fois je me trouvais avec la même pensée : « Si ma mère était là... avec ces acteurs fétiches pour qui elle avait tant d'admiration, elle ne le croirait pas. ». Un soir je dîne avec Gregory Peck et sa femme française, Véronique. J'en avais presque les larmes aux yeux. C'était l'une des stars favorites de ma mère avec Victor Mature, Richard Widmark et Cary Grant. Me penchant vers Véronique, je lui confie que je n'ose pas dire à son mari qu'il était le héros de ma mère.

Elle se tourne vers Gregory : « Greg, Michel n'ose pas te le dire, mais tu étais l'idole de sa mère... »

Gregory : « Tant que ce n'était pas de sa grand-mère... »

Je suis inscrit au cours Hattemer, rue de Londres. On crée un prix spécial pour moi, le Prix Biais, pour la meilleure moyenne que quiconque ait jamais eue dans l'histoire de cette école, 18/20 de moyenne pendant toute l'année.

Il me sera remis au cinéma Marignan par François Périer et le général allemand Dietrich Von Choltitz, gouverneur puis sauveur de Paris.

En 1957, je passe trois mois loin de mon enfer parisien. Je suis à Poole, dans le Dorset, non loin de Bournemouth, en Grande-Bretagne. Garçon au pair, je lave les assiettes, donne des leçons de piano aux enfants et fais connaissance avec la cuisine anglaise, bref l'horreur totale. Je suis logé dans une famille simple et sympathique afin d'apprendre l'anglais.

Ma première rencontre avec le danger a lieu un 14 juillet. Nous sommes cinq Français en balade, avec notre petit drapeau tricolore. Mauvais timing, nous tombons sur une horde de Teddy Boys et leur arme favorite, des pommes de terre bourrées de lames de rasoir, bref, un plat plus raffiné que la cuisine anglaise.

Ce jour-là, nous avons battu tous les records de vitesse.

Timide, je ne profite guère du succès de mon passeport auprès des Anglaises... Elles qui nous aiment tant, au grand agacement des « T'ai dit Boys ».

Un an plus tard, je réitère l'expérience, à Barcelone cette fois pour apprendre l'espagnol, ma deuxième langue. Là encore, je me retrouve à laver la vaisselle, ce que je fais très mal. Le fils de la famille qui me loge est un maître nageur sauveteur qui travaille pour la Croix-Rouge. Un dimanche, nous nous promenons dans un parc. Là, pour la première fois de ma vie, je vois des filles de la nuit en train de faire leur travail dans la forêt. Soudain, deux mecs se sont mis à nous courser. Sentant qu'ils vont nous attaquer, nous courons. Très vite, on se retrouve au bord d'une falaise. Coincés. Les agresseurs vont nous pousser dans le vide. Comme ça, sans raison. Par chance, le maître nageur a son sifflet. Il le sort, s'époumone. Nos agresseurs s'enfuient.

Lors de vacances dans le Cantal, à l'âge de quatorze ans, je découvre Elvis Presley et le rock'n'roll en compagnie de mon amie Danièle.

Elle est blonde et moi timide. Ses parents, des Parisiens, ont à Massiac une propriété secondaire dont mon père loue la maison de gardien.

L'Alagnon est tout proche à la grande joie de mon père qui adore la pêche.

Il ne se contente pas d'en distribuer, si vous savez lire entre les lignes...

Pour éviter les assauts de moustiques pendant tout l'été, nous nous réfugions, Danièle et moi, dans le grenier où nous écoutons inlassablement nos premiers disques, notamment le 45 tours du film

« Règlement de comptes à OK Corral », chanté par Frankie Laine, « I'm Sorry », le premier 45 tours de Brenda Lee et « Don't be Cruel » d'Elvis.

Rude rentrée des classes. Tout dans mon éducation semble destiné à flatter l'ego paternel.

En 1958, ayant sans doute envie d'un peu de liberté, mon père m'inscrit au collège de Juilly, chez les Oratoriens, ordre dissident des Jésuites. J'y reste deux ans.

Ma passion du latin, que je parle couramment avec l'accent, m'aide à survivre ces deux années.

Malheureusement, dans cette vénérable institution catholique, je n'arrête pas de me faire casser la gueule.

Mes tortionnaires ont une expression pour cet exercice raffiné. Ils appellent ça « casser du sucre ».

Quatre mecs saisissent leur victime (moi) par les pieds, les bras et lui (moi) tapent le cul par terre.

Je casse du sucre à longueur d'année scolaire et le docteur Atkins vous dira à quel point trop de sucre est mauvais pour la santé.

Très faible, souvent malade, on me juge déjà différent.

A l'époque, je crois que c'est à cause de mes lunettes. Je suis également très myope. Je me plains à mes parents. En vain, « Si on te fait ça » me dit mon père, « c'est que tu as fait quelque chose de pas bien. C'est ta faute ». Tout est toujours de ma faute. Je ne crois pas que les coups fassent du bien. Jamais.

J'encaisse, je résiste.

Allant jouer du boogie sur l'orgue de la chapelle, je réussis à me rallier quelques fidèles. On me trouve courageux. Je chante soprano solo dans la chorale Les Cigales. Je chante des chants religieux, en latin. Le week-end, tout le monde voit ses parents. Moi, je reste à la pension.

Au bout de deux ans, on m'inscrit au Cours Fidès, école privée (de toute tendresse) à réputation dure (justifiée), pour enfants difficiles (ou en passe de le devenir par réaction ou par instinct de survie).

*CACTUS, SURBOUM ET 45 TOURS*

A la maison, je n'ai bien sûr pas le droit d'avoir un électrophone. De longs mois durant, je garde mon premier 45 tours d'Elvis planqué dans mon cahier de classe. N'ayant pas le droit de l'écouter, je le regarde, mon « Don't be Cruel » à moi. Je le contemple, infiniment ému. Très vite, pour écouter des disques, je vais chez un copain de classe, Gérard Woog. Il habite rue du Boccador, du côté de l'avenue George-V. Il possède une vraie chaîne Telefunken et une fausse grande assurance. Ensemble nous hantons Radio Trocadéro, petit magasin de disques de l'avenue Paul-Doumer. Je suis habillé comme un collégien. Horrible costume trois pièces et petite cravate. Alors que je fréquente un collège huppé, je reste vestimentairement petit pauvre éduqué chez les riches. A deux dans une cabine d'écoute comme il y en avait alors, nous découvrons émerveillés les nouveaux Bill Haley, Jerry Lee Lewis, Little Richard. Pour moi, immédiatement, le rock'n'roll représente la liberté et pas seulement musicale. C'est quelque chose qui me plaît également par opposition à la musique classique qui est quelque chose qu'on m'oblige à faire. La musique classique ce sont des heures et des heures de travail, sans compter les gifles, les coups de ceinture, les punitions, les vexations.

Tous mes copains partent en vacances d'hiver. Je reste seul à réviser. Mes amis sont aux sports d'hiver, à Villars-sur-Ollon. Je révise pour eux, je fais leurs devoirs. Souvent, on trouve trop de similitudes entre mon devoir et celui de Gérard Woog. Il est évident que c'est moi qui ai copié. Héros forcené, je prends ses heures de retenue.

Je prépare mon bac, mais mon père, quand on aime on ne compte pas, continue à me corriger.

Le soir, à table, on écoute religieusement

le grand feuilleton radio de l'époque, « La Famille Duraton ».

Moi, ma passion c'est « Signé Furax ».

Mise en ondes de Pierre Arnaud de Chassipoulet !

On retrouve le génie de Pierre Dac dans « Mort aux Barbus », « C'est pour ça que tu m'aimes, Malvina ».

Quand je loupe un épisode je retrouve mes héros dans les bandes dessinées d'un journal.

Je suis tellement impressionné par cette série que je ferai un journal de classe où je copie au papier-calque les cartoons les représentant.

Ne sachant pas dessiner, j'ai l'impression d'être une sorte de co-auteur imaginaire d'une œuvre absolument pas de moi.

Un soir, mes parents décident d'aller voir Raymond Devos à l'Alhambra. Ils m'emmènent.

En première partie, un jeune chanteur dont mes copines américaines du collège de Louveciennes m'ont parlé, Johnny Hallyday.

Il a un nom américain, il est mignon...

Pour mon père, c'est clairement un hystérique. Dans la salle, la plupart des gens sont de cet avis. Ils jettent des pièces de monnaie sur la scène pendant tout son court passage.

Il a un costume bleu qui brille.

Évidemment, j'adore Johnny immédiatement.

Ce soir-là, de retour à la maison, je hasarde l'opinion selon laquelle ce jeune chanteur est formidable, ce qui me vaut trois claques monumentales. Merci Johnny.

Je suis très impressionné par mon copain Gérard Woog, le tombeur de la bande. Il est mignon, parle couramment anglais, semble très sûr de lui. Je le regarde avec admiration, j'essaye d'apprendre sa technique. Gérard habite un très bel appartement, il a des copines américaines. L'une d'entre elles s'appelle Nora. Elle est brune, mince. Je suis fasciné par la poitrine de sa sœur, Carole, et par ce style de vie que je ne connais pas. Souvent, le samedi après-midi, mes amis organisent des surboums. Épouvantablement timide, incapable d'inviter une fille, je les regarde danser le slow. Je déploie des ruses incroyables pour aller les voir et expliquer à mes parents mes disparitions. Régulièrement, je marche de la place de la République au Trocadéro. Durant toute la visite, j'espère en silence qu'on me donnera un ticket de métro pour rentrer chez moi. Trop fier, je n'ose pas demander. Les parents de Gérard ou de Nora oublient ou n'y pensent pas. Le plus souvent, je reviens donc à pied vers la République. Je suis en retard pour le dîner. Explications. Nouvelles disputes, nouvelles claques.

L'anniversaire de Nora approche.

Je veux lui offrir des fleurs.

J'ai repéré une boutique Interflora à côté de la maison. Je demande un peu d'argent à mon père. Il refuse et offre de s'en occuper lui-même.

Il revient avec un petit cactus dans un pot.

Je tente de lui expliquer que ça n'est pas très compatible avec le style de mon amie.

Il essaie de me convaincre que ça dure plus longtemps et que je n'aurai donc pas à m'embêter chaque année.

Devant mon refus, il se met en colère, me jette le cactus à la tête.

Je me baisse, la plante grasse s'écrase contre le mur.

Durant trois ans, assis à la même table, je ne lui adresserai plus la parole.

Qu'attendre d'un homme qui pendant que je décryptais les partitions de solfège avec changement de clef quasiment à chaque note, battait même la mesure !

Depuis, ma survie, c'est d'être tout le contraire de mon père. Aujourd'hui encore, si j'ai une décision à prendre, il m'arrive de penser à lui, de me demander ce qu'il aurait fait dans cette situation et de faire automatiquement le contraire. Mon père était-il jaloux de moi ? Il a tout fait pour empêcher mon succès. Contrairement à ce que beaucoup croient, lui qui composait pour Piaf ou les Compagnons de la Chanson, ne m'a jamais aidé.

Étant devenu éditeur de musique, il s'est plutôt acharné à me fermer toutes les portes.

A dix-sept ans, employé aux écritures dans une banque pendant les vacances, j'ai eu envie d'écrire quelques chansons.

Apprenant que je tentais le concours de la

Sacem, mon père a aussitôt appelé un ami pour me faire louper mon examen de Sociétaire. J'avais fait rimer une rime masculine et une rime féminine.

Ce que je trouvais plutôt romantique.

Le membre du jury de la Sacem en juge autrement et me refuse le titre d'auteur-compositeur.

Mais quand j'ai envie de faire quelque chose, on ne peut pas m'en empêcher, on ne peut que me retarder.

Beaucoup s'y emploieront.

## *REBIFFE DANS LA BIFFE*

Très vite se pose le problème du Service militaire qui, à l'époque, dure deux ans. Mon père veut que je devance l'appel. A cause de mes problèmes de vue, j'aurais pu être réformé d'office. Quand j'annonce cela à mon père, je prends deux claques. Il m'explique que le fils d'un héros de la Résistance doit absolument faire son Service militaire, des fois que les bottes people auraient des envies de retour...

Je vais donc me présenter au poste de police du boulevard Voltaire. Arrive l'examen de la vue. Bien sûr, je ne vois rien du tout. Mais ayant appris tout le tableau de vision par cœur, je le récite ligne par ligne. Tout le monde triche pour être réformé.

Moi qui aurais dû l'être d'office, je me retrouve en train de tricher pour faire mon Service militaire !

Étape suivante, Montluçon, dans le Matériel.

Un corps d'armée méprisé autant par l'armée de l'air que par la marine et l'aviation.

Nous sommes les biffins.

A l'époque, Montluçon, chef-lieu de l'Allier, est une ville communiste qui déteste les militaires.

Obligés d'être en tenue, du coup facilement repérables, nous sommes sifflés, hués par une population qui a décidé de garder ses putes pour elle toute seule.

Manque de chance pour moi, je tombe amoureux de la fiancée du fils de l'adjudant-chef de la caserne.

Pas bon pour les relations publiques.

Je pèse quarante-sept kilos.

Apprenant que je connais déjà la musique et que j'ai ingurgité les leçons des sons, on m'affecte avec une logique militaire à la grosse caisse.

Cet instrument raffiné apporte à chaque défilé son lot de gags hellzapoppinesques.

Pour faire swinguer « Sambre et Meuse », je décide de taper à contretemps.

Incapable de voir par-dessus l'énorme tambour, je tombe sans arrêt, me prends les pieds dans les murets des carrefours, m'écroule, marche sur la flamme du régiment, me relève en m'appuyant sur la mailloche, suis obligé de courir pour rattraper le reste du peloton qui m'a dépassé.

Mais le soir, dans ma chambrée, j'imite Elvis.

J'interprète « Don't be Cruel » en yaourt sur des sons que j'ai repérés.

Vicieux, les gradés sont là pour nous mater, nous casser. En automne, on me donne l'ordre de ramasser toutes les feuilles mortes de la cour d'honneur dans mon casque. Brimade. Mon casque lourd rempli, je rentre. Mais d'autres feuilles sont tombées. Il faut recommencer. J'ai envie de tuer. Pas l'ennemi, mais mon adjudant.

Je trouve qu'on nous réveille vraiment trop tôt.

Il faut que je parvienne à piquer le clairon du réveil !

Pour cela j'ai besoin de brouillard matinal.

Ce n'est pas une denrée rare dans l'Allier.

L'instant T arrivé, je cours, je pique la trompette, je rentre dans la chambrée.

Ça y est, je suis le héros de la caserne.

Le capitaine arrive.

« Qui a fait ça ? » Personne ne bouge.

Je suis toujours un héros.

Le capitaine : « Si la personne qui a fait ça ne se dénonce pas, plus de permissions pendant un mois. »

Je ne suis plus un héros.

Je sors du rang.

Je fais trois semaines de prison.

Heureusement, je joue du piano au mess des officiers.

Je réussis à négocier quelques sorties de prison.

Mais je ferai au moins un mois de tôle dans des conditions inhumaines.

Froid glacial, pas de draps...

Je me retrouve muté disciplinaire à Saint-Eulien. J'en ai marre de perdre mon temps, marre d'être commandé par des mecs qui en savent moins que moi.

Pétant les plombs, je salue respectueusement les deuxième-classe, tape dans le dos de gradés éberlués à qui je réponds que j'ai un problème avec mes yeux.

Je demande à être réformé.

On me transfère d'Épinal à Lunéville.

J'explique aux médecins comment j'ai triché pour faire mon Service.

L'épaisseur de mes verres de lunettes est vérifiée. On me fait signer un papier certifiant que c'était une anomalie antérieure au Service et que je ne demanderai aucune pension.

Je suis réformé au bout de sept mois, cas unique dans les annales de l'armée.

Je n'ai qu'une hâte, aller revoir la fiancée du fils de l'adjudant-chef.

J'arrive à Montluçon en civil.

Instantanément, la Police militaire me ramasse.

Je leur explique que je ne suis plus dans l'armée.

On me remet illico en tôle.

Finalement, la caserne finit par appeler Lunéville. On constate que je dis vrai.

Je rentre à Paris où mon père m'attend, ceinturon à la main.

Quelle honte, j'ai « démissionné » !

*ASSURANCE 1-100-10*

De retour à Paris, je subsiste à coups de petits boulots. Pendant un temps, je suis employé aux écritures dans une banque. Mon père s'en satisfait, plus tard, dit-il, j'aurai une bonne retraite. Il est heureux que je puisse payer la location de l'alcôve dans la salle à manger de chez moi. Il est rassuré sur mon sort.

Inutile de dire que tout ce qui le rassure m'inquiète.

Plus tard, je vends des cartes postales pour le compte des aveugles. Il s'avérera que c'était une sorte d'escroquerie. Cet argent, les aveugles n'en verront pas la couleur.

Je me retrouve alors employé aux écritures à la Coface, société d'assurance de transports, spécialisée dans les convois exceptionnels. Je passe presque un an dans les bureaux de la rue de Courcelles.

Ce qui me frappe dans cette vie de bureau, c'est que tout le monde est obligé de faire avec.

Obligé de passer sa vie à côté d'autres dont on n'aime pas le parfum, la voix, le rire, ou la toux.

Cette promiscuité crée un énervement général.

Je tiens quelques mois.

Le chef de mon service abuse de son pouvoir, cela m'insupporte. Lorsque quelques années plus tard je me retrouve propriétaire d'une Rolls Royce, je ne peux pas résister.

Je me gare devant la Coface.

Et j'attends que le bien-aimé chef de service descende.

En me voyant, il marque un sérieux temps d'arrêt.

Peut-être s'est-il alors rendu compte que son pouvoir mondial n'excédait pas un étage ?

Ma chance est que je peux à présent choisir avec qui je travaille, quand et où je travaille. Dans ma partie, je n'ai aucun sourire à faire à mon voisin de bureau.

Quittant la Coface, je tente de vendre des assurances pour les incendies. Episode porte-à-porte. Villeneuve-Saint-Georges, Villeneuve-La-Garenne. On prend un petit train omnibus. On quadrille la banlieue, de maison en maison, on recherche des clients. Je vois tout. Des femmes qui arrivent légèrement vêtues, des types qui foutent leur poing dans la gueule, des chiens qui mordent...

Très vite, je mets au point mon numéro personnel.

« Bonjour, avez-vous une assurance-incendie ? Non ? » Je craque une allumette que je jette dans la maison.

« Voyez ce qui pourrait vous arriver ! ».

Certains rient.

Beaucoup menacent d'appeler la police.

Quelques-uns apprécient, m'invitent même parfois à dîner.

A mon retour à la maison, je prends trois claques, pour le retard.

Un beau jour, y'en a marre, au bout de dix-huit ans de merde, je claque la porte.

Je ne reviendrai jamais.

Pour moi, il y a une chose importante dans la vie. Quand on veut pouvoir dire du mal, il faut acheter le billet qui donne le droit de le faire. Je considère avoir payé au prix fort le droit de dire du mal du Service militaire de l'époque. Par contre, je respecte l'armée de métier. Je respecterai toujours les types qui ont décidé d'être militaires pour défendre leur pays et pas pour aller attaquer celui des autres.

Mais j'ai détesté recevoir des ordres de gens qui en savaient moins que moi. Comme ces militaires de carrière qui étaient là pour faire chier les appelés. J'ai réussi à limiter la perte de temps à sept mois. Qu'ai-je appris à

Montluçon ? La méchanceté de types qui s'emmerdent tellement qu'ils donnent des habits trop petits à des gros et des vêtements immenses à des petits. Sidérant bizutage journalier. La bonne nouvelle, c'est que cette armée-là n'existe plus. Elle a été remplacée par une armée de métier, faite par des professionnels, qui ont choisi cette carrière.

Quant à mon passage à Juilly chez les Oratoriens, je me souviens de diverses situations diablement équivoques...

Mais c'est moi qu'on retrouvera défroqué.

## II. Beatnik sur la butte (et non pas...)

Ma première visite d'homme libre sera pour le magasin d'instruments de musique Paul Beuscher. J'achète ma première guitare. Et une méthode d'apprentissage rapide style « La Guitare en trois leçons ». Je commence avec une série d'accords de base, le fameux Mi La Ré qui deviendra plus tard « La Poupée qui fait Non » (et les premiers pas de guitaristes débutants délaissant momentanément « Jeux Interdits » pour les accords les plus faciles à jouer, les premiers que j'ai appris, ceux de mon premier tube).

## *DE LA RUE SAINT-DENIS AU SACRÉ-CŒUR*

J'ai perdu ma virginité relativement tard. J'étais timide, et avoir été surpris dans les toilettes familiales en exploitation solitaire d'un vieux numéro de « Paris-Hollywood » m'avait valu une sévère correction.

J'ai été dépucelé à 20 ans par une professionnelle algérienne avec de splendides dents en or qui m'appelait « mon biquet ».

Vive l'Algérie française ou la France algérienne, le temps d'un orgasme.

Ça s'est passé passage du Ponceau, adjacent à la rue Saint-Denis.

Mai 1965, je joue de la guitare sur les marches de la Butte Montmartre. Nous sommes trois.

Il y a une vraie compétition entre nous.

Quand les gens passent, il faut les arrêter. S'ils n'aiment pas, ils ne restent pas. Il y a donc Michael, qui joue plutôt dans le métro, un autre guitariste, Jean-Louis, avec une très jolie gonzesse genre gitane, et puis moi, trois beatniks sur la Butte Montmartre. Les deux autres imitent Dylan et jouent de l'harmonica et de la guitare. Je reste concentré sur la guitare. Je n'ai aucune technique spéciale, mais les gens aiment ce que je fais. Ils restent. Pourtant, je ne connais pas beaucoup d'accords, mais je compense par mon enthousiasme et ma sincérité.

Je frappe à en avoir des ampoules, je saigne sur ma guitare. Je deviens l'un des chefs de file des premiers beatniks. Différents, nous sommes mal vus en France, l'époque a peur de nous.

Nous revendiquons le mouvement culturel américain sans en connaître grand-chose. Plus qu'une philosophie, c'est en fait un mouvement vestimentaire et profondément pacifiste.

Nous sommes vêtus de jeans et parkas de surplus paradoxalement militaires.

Nos cheveux sont longs pour l'époque. En fait nous sommes de grands flemmards, des paresseux très sympathiques. Des contemplatifs, totalement inoffensifs. Pacifistes complets, face aux bandes de la place Clichy, nous ne faisons pas le poids. Ces gangs sont constitués de vrais voyous, des durs proches des futurs skinheads. Ils m'adoptent, me protègent, me défendent. Eux sont antibourgeois. Les bourgeois, ils les frappent, les dépouillent, les ponctionnent. Pas nous, qui nous contentons de traîner, voyeurs sans méchanceté.

Souvent, ce sont les curés du Sacré-Cœur, nos vrais ennemis, qui appellent les flics pour nous faire arrêter. Les flics m'embarquent régulièrement et chaque fois ils fracassent ma guitare. J'ai passé je ne sais combien de nuits au commissariat, en cellule avec les travailleuses de la nuit, garantes d'une société bien organisée.

Le goût du luxe naissant, j'habite désormais dans une station de métro, Lamarck Caulaincourt. Je vais y passer deux hivers, je dors bien au chaud, à l'abri des courants d'air. Je suis à nouveau sauvé par les femmes, ce qui est plus agréable que d'être sauvé par le gong. Je me souviens d'une petite pâtissière qui venait passer le chapeau pour moi. Car, reste d'éducation, il n'aurait pas été digne pour un guitariste-chanteur Premier prix de Conservatoire et détenteur du record de bonnes notes au cours Hattemer de tendre la main.

Elle le fait pour moi.

Elle danse, tend le chapeau et je gagne beaucoup d'argent. Je fais jusqu'à cinq cents francs par jour. Je partage tout avec tous. Car j'ai déjà un entourage considérable. Il faut manger, c'est compliqué. Nous sommes vingt ou trente à vivre de ma collecte. Je suis très fier de pouvoir amener ce capital. Le soir, nous allons acheter des frites sur la place du Tertre. Un cornet coûte deux francs. Pour ajouter la moutarde, il faut vingt-cinq centimes de plus. Certains soirs, je ne les ai pas. Mais quand je peux payer cette moutarde sur les frites, c'est extraordinaire, meilleur que du caviar.

La place Du Tertre, c'est tout un bohème.

Moins un piège à touristes que maintenant, on y trouve une sorte de Cour des Miracles, peuplée de peintres comme La Rochelle qui peignait des bateaux en prenant le « sactos » comme modèle.

A l'emplacement du téléphone, un artiste avait peint une gargouille disant « T'es laid, faune ».

Le soir, je joue du piano à La Crémaillère (La Créma) ou au Clan d'Estaing où je me brûle les doigts à coups de « Jenny Jenny » et autres Jerry Lee ou Little Richard remplaçant le folk par le rock'n'roll.

Certains jours, j'emmène ma guitare au quartier Latin, devant les pizzerias. Mais je ne me sens pas chez moi.

Je joue beaucoup de Donovan et « Puff the magic Dragon » de Peter, Paul And Mary. Dès 1963, le trio folk américain s'était produit à l'Olympia. Fasciné, je vais les voir. Après le concert, je traîne rue Caumartin. Au bout de longues heures d'attente, je réussis à parler à Paul. Qui me conseille de chanter moi-même mes propres chansons au lieu de celles des autres.

Été 1965, ne sachant absolument pas ce que je vais devenir, je quitte Montmartre et prends la route. Je dessine à la craie sur les trottoirs des villages. Beaucoup de beatniks font cela. Certains font des dessins fabuleux, presque classiques, dignes de musées.

Ne sachant pas dessiner une flèche, j'ai un slogan, « Je ne sais pas dessiner, mais j'ai faim ». Je sillonne la province avec ma guitare.

Je me souviens d'un passage à Pessac. Un petit triomphe sur la foi de mon répertoire de reprises folk, dans le cadre d'une Maison des Jeunes, le club Charrier.

### *LA LOCO MOTIVE*

Durant l'hiver 1965, je pars pour Londres afin de retrouver une Anglaise qui traînait sur les marches du Sacré-Cœur. Mauvaise nouvelle, depuis que j'ai échangé les bancs glacés du square Willette contre ma station de métro, je suis devenu difficile et je trouve son appartement sordide, pas propre.

Déambulant en parka et jeans dans Soho, Kings Road et Carnaby Street, je hante les magasins de musique. J'essaye des guitares électriques. Une Gretsch me fait rêver. J'achète une Rickenbacker. Je fréquente les clubs. Tout Londres parle des nouveaux groupes, Rolling Stones, Yardbirds. Mais le choc véritable, c'est le passage des Who à la télévision. Le quatuor de Mods dynamite littéralement l'émission « Top Of The Pops » avec son hymne bégayé par Roger Daltrey, « *my ge-ge-generation* ! ».

Passant à Denmark Street, je tente de séduire quelques éditeurs de musique, notamment Southern Music. J'essaye de placer ma première composition, « The Doll who says No ». On ne me voit ni ne m'entend. Je n'insiste pas. Au bout d'un mois, je rentre à Paris.

Le 15 novembre 1965, commence à La Loco un crochet des amateurs, organisé par « Disco Revue, l'Organe des Rockers ». Des copines m'ont inscrit. J'y vais. Je gagne la finale, le 12 février 1966 en chantant « Peggy Sue » et « That'll be the Day » de

Buddy Holly. Le premier prix est un contrat chez Barclay. Eddie Barclay est là, avec son cigare et son scotch. Il ne m'impressionne pas du tout. Et puis je ne veux pas être chanteur. En faire un métier ne m'attire pas.

C'est pour m'amuser que je fais tout cela.

Je me désiste et offre mon prix à mon copain Cyril Azzam, voix super-puissante, qui est classé second.

Beaucoup de gens m'aiment, veulent m'aider. André Pousse et Kiki Chauvière de La Locomotive, le propriétaire du magasin Clichy Rythmes, pas mal de filles aussi, sans oublier Henri Leproux du Golf-Drouot... Le Golf-Drouot est réputé pour ses Tremplins du vendredi soir. C'est là que Claude Moine alias Eddy Mitchell s'était fait connaître. D'autres aussi, comme Moustique, le rocker de la Bastille. Henri m'aide. Il me prête des guitares, m'en donne une de façon tout à fait désintéressée. Peut-être admire-t-il ma façon de survivre entre les stations de métro et les marches du Sacré-Cœur. Comme je n'aime pas les concours, je ne convoite pas le fameux Tremplin du Golf et passe avant, comme une espèce d'attraction spéciale.

Plus tard, mon copain Gérard Woog me retrouve sur les marches du Sacré-Cœur. Il est devenu chercheur de talents pour l'éditeur Rolf Marbot. Il m'entraîne dans son sillage. Mais Rolf Marbot, vieux beau très élégant, ne semble pas intéressé outre mesure. Il estime que si j'ai quelque talent, il est gâché par mes tenues, mes bottes, mes cheveux longs. Heureusement, ses assistantes, Huguette Ferly, Christiane Landrieux et la parolière Vline Buggy sont absolument convaincues que je vais devenir un phénomène. Marbot cède et moi je refuse. Je ne veux pas faire ce métier de chanteur. Je veux seulement être compositeur. Marbot insiste. J'impose donc mes conditions, je veux enregistrer à Londres. Loger dans la plus grande suite du plus bel hôtel. J'exige Jimmy Page à la douze-cordes (pour des raisons syndicales, je n'ai pas le droit de jouer de guitare en Angleterre sur mes disques) et John Paul Jones à la guitare basse. Avec pareil programme, on va me dire non... tout le contraire, on me dit oui et voilà que tout est accepté !

## *LA POUPÉE QUI FAIT MON NOM*

Vous connaissez la suite.

Nous enregistrons « La Poupée qui fait Non » dans le studio de démos de Southern Music, à Denmark Street, là où Donovan a gravé « Mellow Yellow ». En fait de studio, c'est un placard quatre pistes. En trois heures, « la Poupée » est enregistrée, elle sera mixée à Paris. La chanson est magique. Elle devient comme un hymne national, passe dix fois par jour sur les trois radios hexagonales. On n'entend que ça !

On change de fréquence, et on entend la même chanson, sur toutes les ondes. Le disque se vend à deux cent mille exemplaires en deux mois, double disque d'or, tube de l'année.

Tout fier, je retourne voir mes potes beatniks au Sacré-Cœur car je veux partager mon succès avec eux, comme on a partagé les frites. Du jour au lendemain, je découvre la solitude. Pour moi, la rue c'est fini.

On me considère comme snob.

La célébrité et le succès changent parfois les

choses. Pas pour celui qui rencontre le succès, mais pour les autres. Mes anciens amis deviennent agressifs, ils me regardent différemment.

Comme je l'explique plus loin, la planète est une série de clubs privés et je n'ai plus le droit de faire partie de celui-là alors que j'en suis probablement l'un des principaux fondateurs.

Quand je suis revenu faire un reportage au Sacré-Cœur, je me suis fait huer par mes compagnons de frites qui m'accusaient ouvertement d'exploiter les marches alors que, au contraire, j'en revendiquais l'appartenance dont je suis fier jusqu'à aujourd'hui.

Une fois de plus, il faut donc que je me casse de « chez moi ».

Je loue un appartement dans le cinquième arrondissement, rue des Boulangers, non loin de la place Maubert.

Dès mon retour de Londres, Rolf Marbot avait exigé que je change mon nom. On voulait m'appeler Mickey quelque chose, avec plein de consonances américaines. Je refuse. Je m'appelle Michel Polnareff. Dès cette époque, je m'impose en refusant beaucoup de choses. Avec le recul, je constate que je ne savais pas ce que je voulais, mais que je savais très bien ce que je ne voulais pas. Garder mon nom me semble normal. Quelques mois auparavant, j'avais passé une audition chez Vogue. On m'avait montré le rapport du directeur artistique : « Nez trop long, chante comme une crécelle, ne plaira jamais aux filles. »

Le directeur artistique a été viré.

Quelles sont mes influences de l'époque ?

Je chantais du Dylan en anglais bidon, « Blowin' in the Wind ». Et puis un grand débat fait rage, Beatles ou Rolling Stones ?

Depuis « I Wanna hold your Hand », je suis fasciné par le succès des Beatles. Mais personnellement, je suis pro-Stones. Ce que j'aime le plus chez les Beatles c'est George Martin leur producteur et Lennon, bien sûr, le seul révolté, le seul membre du groupe à prendre des risques.

Venant du classique, je suis plus attiré par la différence des Stones.

J'adore Ray Charles, que je vois lors d'un Musicorama à l'Olympia.

Je suis également fou de Sinatra. Un des plus grands chanteurs qui aient jamais existé.

Son phrasé me donne des frissons.

Sinatra réussit ce que peu de chanteurs savent faire, il utilise sa voix comme un instrument.

Sinatra s'est inspiré de Tommy Dorsey, trombone trop bon de big band des années 40.

En France, juste avant moi, Antoine a explosé. Je l'adore. Ses disques passent sans arrêt à La Locomotive. Il fait sensation.

Il est supposé détrôner Johnny.

Les chanteurs ne se détrônent pas les uns les autres. Jamais. Il n'y a pas de nouveau Johnny, pas de nouveau Polnareff non plus.

Par contre, il y aura d'autres artistes.

Jacques Dutronc surgit quelques mois après moi. Lui aussi, je l'adore.

C'est un drôle de mec qui s'est toujours un peu foutu de sa propre gueule. Il a fait des trucs tellement importants... Aussi bien au cinéma qu'en chanson. « Il Est cinq heures Paris s'éveille » est un chef-d'œuvre. Combien de fois assistons-nous de notre vivant à la naissance d'un classique ? Cette chanson en est un. Jacques amenait une fantaisie importante. Il est le Dean Martin français.

Dès mon premier disque je me sens en compétition avec Mungo Jerry, Procol Harum et les Moody Blues... plus qu'avec le mouvement Yé-Yé qui touche à sa fin.

### *L'AMOUR AVEC TOI*

Personnage bizarre, Lucien Morisse me signe sur les disques AZ.

Lucien Morisse avait une relation étrange avec ses artistes.

Il les lançait avec amour puis se mettait à les détester.

Après mon premier 45 tours, il se balade vite dans tout Paris en disant, « Polnareff, c'est un feu de paille ».

Lucien Morisse était un homme très stressé, trop sensible. Il finira par se suicider le 11 septembre 1970.

C'est ma première rencontre avec la vraie violence, celle envers soi-même.

Je suis complètement bouleversé par sa disparition.

J'écris pour lui « Qui a tué Grand-Maman ». Le message de ce titre parle du stress de la vie moderne qui avait eu raison de Lucien Morisse. Lucien Morisse n'est pas grand-maman. Dans la chanson, je demande qui a tué l'univers de Grand-Maman, cet univers sans stress ni marteaux piqueurs, sans pollution.

Au terme de quelques mois de succès, Michel Polnareff n'existe toujours pas. Par contre, la chanson « La Poupée qui fait Non » existe. Michel Polnareff n'est alors que celui qui chante « La Poupée qui fait Non ». Piqué au vif, je sors un 45 tours avec « Love Me, please love Me » en face A et « l'Amour avec Toi » en face B. Deux monstres. Polnareff va exister.

Pour enregistrer ces titres, je retourne à Londres.

Puis, je défends « Love Me, please love Me » au Festival de la Rose d'Or d'Antibes-Juan-Les-Pins 1966.

Les musiciens du grand orchestre de Raymond Lefèvre ne connaissent pas la chanson, elle n'est pas encore sortie. Ils ont des partitions, qu'ils déchiffrent au fur et à mesure. En pleine émission, un énorme mistral se lève. Les partitions s'envolent.

Le grand orchestre passe de grand à moyen, puis à petit, puis à minuscule, et enfin à invisible et silencieux.

Plus la tempête progresse, plus je suis seul avec mon piano.

Sans mon clavier, j'aurais fini a cappella.

Bien sûr, ça passe en direct.

Je suis éliminé en deux cents millièmes de finale.

Dans la salle, c'est Hernani 1966. Certains hurlent « va te faire couper les cheveux », d'autres applaudissent à tout rompre.

Au final, on me décerne un Prix spécial du jury.

« Love Me, please love Me » deviendra le tube de cet été-là.

On n'entendra plus jamais la chanson qui avait gagné le trophée de la Rose d'Or 1966 ni aucune des autres.

« L'Amour avec Toi », face B de mon

deuxième 45 tours est mon premier scandale. Les paroles sont très critiquées, « *Moi je me fous de la société / Et de sa prétendue moralité {...} d'aucuns diront, on ne peut pas parler à une jeune fille comme ça / Ceux-là le font mais ne le disent pas / J'aimerais simplement faire l'amour avec toi* ».

Du coup, sur plainte de l'Evêché de Paris, (les revoilou !) cette chanson ne passe sur les ondes qu'à partir de vingt-deux heures.

En fait, c'est la chanson porno de l'époque.

Personnellement, que ce soit à ce moment-là ou aujourd'hui, je n'ai jamais compris l'ampleur des réactions contre ce texte. On peut imaginer un titre actuel qui dirait « Je vais te niquer dans tous les sens » et qui passerait toute la journée sur toutes les ondes.

Par la suite, on dira que c'était un titre révolutionnaire, prémonitoire de Mai 68. Pourquoi pas ? Moi, j'annonçais simplement que j'allais faire l'amour avec elle... Parfois, mon côté prémonitoire me fait sentir des choses, et les écrire avant qu'elles ne se passent.

Témoin mon malheureusement prophétique « Je Rêve d'un Monde » sorti en 1999.

J'avais senti que l'avenir serait sombre et cela m'avait donné envie d'écrire une chanson aux paroles très critiquées car soi-disant naïves.

Simplettes et naïves ?

Ah bon ?

Eh bien moi, je continue à espérer ce monde, na !

Ma toute première tournée ne s'est pas mal passée. J'avais deux tubes à défendre, « Love Me, please love Me » (qui venait juste de sortir) et « La Poupée qui fait Non ».

Mais cette tournée inaugurale de tant d'autres qui a eu lieu pendant l'été 1966 était en première partie de Claude François.

Claude a toujours adoré s'occuper personnellement de ses premières parties. C'était un des rituels les plus charmants de ce métier. Peu y ont échappé. Pour moi comme pour les autres, il s'assurait qu'on diminue au maximum les éclairages et coupe bien la réverbération et l'écho de la sono pour être certain que sa vedette américaine sonne nulle.

Un soir, nous jouons dans un vieux théâtre

de province. Pendant mon passage, j'ai la surprise de voir Claude surgir en lieu et place du souffleur. Et pendant que j'essaye très professionnellement de terminer ma chanson, lui me tire par les pieds... Malgré ces menus tracas, j'avais beaucoup d'admiration pour lui. C'était un grand pro, très en avance sur son temps. Quelque part, dès cette époque, il annonçait les superproductions américaines.

En fait, je n'avais qu'un seul hit reconnu, « La Poupée qui fait Non », et un groupe italien pour m'aider à la défendre, les Trovatori.

J'ai vite compris qu'il me fallait absolument apprendre à entrer en scène. Avant Claude, j'entrais en courant, je repartais en courant. Ce qui se passait au milieu était une horreur. Le public participait à sa façon, en lançant les objets les plus divers. Un soir, à Marseille, des boulons. Sur scène, j'avais une trouille colossale. Le trac. Aujourd'hui, j'écris ces lignes en pensant à mon retour et...

## III. Sous quelle étoile

Lorsque nous réalisons mon troisième 45 tours, « Sous quelle étoile suis-je Né ? », sorti en octobre 1966, je suis ce que le métier appelle un gros vendeur. Un demi-million de disques écoulés en un an !

Les Disques AZ, compagnie familiale, sont aux anges. Lucien Morisse aussi. Quand je rentre dans les bureaux de ma maison de disques, tout le monde reste assis.

Une seule personne se lève, toujours. Un monsieur très simple, assez âgé. Avec ma vision de la hiérarchie de la société, à ma première rencontre avec lui, je me dis qu'il est sans doute quelqu'un de pas très important. Ce monsieur touchant qui me salue avec déférence et respect est en fait Sylvain Floirat, un intime du général de Gaulle, propriétaire d'Europe N° 1 et des Disques AZ, mais aussi de Matra, de la Compagnie Française de Télévision et accessoirement de l'Hôtel Byblos de Saint-Tropez.

J'enregistre « Sous quelle étoile suis-je Né ? » aux Studios Pye, à Londres. Avec des techniciens qui, dans leurs blouses blanches immaculées, ont plus l'air de pharmaciens que d'assistants de musiciens. Pour cette séance, le producteur m'a loué les services de quatre cadors.

Une rythmique d'enfer, puisqu'ils jouent... mal.

Sur le coup, je me demande si le problème ne serait pas une mauvaise balance dans les casques.

Je me penche sur le talkback.

« Vous vous entendez dans le casque ?

— Oui, pourquoi ?

— Parce que vous ne jouez pas ensemble. »

Ils se lèvent.

Ils sont partis.

« On s'en va... On joue peut-être pas ensemble, mais on part ensemble. »

Ça s'est arrangé devant une rangée de Guinness.

A notre retour en studio, les quatre pros jouent soudés comme si la batterie était en danger.

« Sous quelle étoile suis-je Né » n'aura pas l'envergure commerciale des deux chansons précédentes. J'ai l'impression qu'on cherche à me freiner. C'est normal. La nature humaine est conservatrice. Quand on veut faire des choses un petit peu révolutionnaires, dans quelque domaine artistique que ce soit, il se trouve toujours quelqu'un pour tenter d'empêcher ce changement. Mes intentions ne plaisent pas à tous. Mais je finis par avoir gain de cause. Je suis jusqu'au-boutiste et ce titre est magique. Il explose. C'est l'expression d'un adolescent qui ne sait vraiment pas ce qui va lui arriver. Ses angoisses. Ses épouvantes.

En fait, je raconte les miennes et le rôle de cette chanson est de partager avec ceux qui l'écoutent.

Je me souviens de la fête de sortie du disque. Une party dans le Bois de Boulogne d'où je m'échappe pour aller jammer avec des copains au Whiskey Sour. Ainsi va ma vie, disque, promo, photos, radios, tournées. Enregistrement chanson après chanson. Toujours à Londres.

### *UN BLANC À L'APOLLO*

En septembre 1966 je pars faire des photos aux États-Unis, avec Jean-Marie Périer, le photographe de « Salut Les Copains ». Nous faisons des vues devenues classiques. Moi avec une bougie au milieu de Time Square. Moi devant la statue de la Liberté. Moi avec Batman. Moi devant les chutes du Niagara. Là, l'humidité est énorme. Mes cheveux remontent, je passe des heures à les détendre. Fan absolu d'Elvis, je suis évidemment impressionné par l'Amérique. A cette époque, aux USA, la couleur de la peau de Jean-Marie est une grosse affaire. Les Blancs le trouvent noir, les Noirs le trouvent blanc...

En gros, quand il est le fils de François Périer, il est interdit chez les Noirs et quand il est celui d'Henri Salvador, il est refusé chez les Blancs.

Nous avons énormément de problèmes dans les hôtels. Nous sommes obligés de nous rabattre sur des motels très modestes. Ma première impression de l'Amérique se ressent de ce racisme omniprésent...

Depuis ma plus tendre enfance, quand ma mère m'emmenait à la Foire du Trône, je détestais les fêtes foraines. J'avais horreur de l'ambiance, des montagnes russes, des chenilles et autres vomitoriums.

Nous faisons pourtant une longue séance photos devant les manèges de Coney Island.

Je fais une overdose de télévision, qui offre plus de chaînes qu'en France, mais l'image est horrible, les couleurs bavent. Le séjour n'a finalement rien de sympathique. Il ne me donne pas du tout envie de revenir. Si on m'avait alors dit que je passerais plusieurs décennies dans ce pays, je ne l'aurais jamais cru. Heureusement, je découvre l'Apollo de Harlem. Un endroit assez peu recommandé aux Blancs égarés dans New York City. Je m'y précipite néanmoins. A la porte, d'énormes balèzes me demandent si je veux mourir.

Non, je suis français, fou de soul music et rhythm and blues.

Les Noirs américains aiment bien les Français.

Beaucoup de musiciens de jazz ont trouvé refuge et succès en France quand la ségrégation battait son plein aux USA.

C'est peut-être pour cela qu'on me laisse pénétrer le Saint des Saints, l'endroit mythique où James Brown fut adoubé superstar de l'Amérique noire. Seul cul-blanc dans cette salle vouée aux géants du rhythm and blues, j'y vis des concerts extraordinaires. Je vois Aretha Franklin, Smokey Robinson And

The Miracles, les sublimes Supremes et autres Temptations.

Ma première soirée parisienne aura lieu en 1967 au Lido, 78 Champs-Elysées.

Pierre Louis-Guérin, dont le fils Jean Louis-Guérin deviendra un de mes amis, m'invite à la première du nouveau spectacle.

Complètement intimidé, je me fais accompagner à la table d'honneur, mitraillé par les caméras, et me retrouve assis à côté de la princesse Soraya, ce qui n'est pas fait pour me détendre.

Je ne sais pas si je dois m'agenouiller, lui baiser la main, lui découper sa viande, bref, panique totale. Je bluffe et fais l'indifférent, conscient que mon coiffeur m'a coupé les cheveux trop courts et que la rougeur de mes oreilles illumine la moitié de la salle.

Heureusement le spectacle commence et Siegfried & Roy, découverts par Pierre Louis-Guérin à Berlin-Est, me sauvent de mon péril social.

« *TA TA TA TA* »

La sortie de « Ta Ta Ta Ta » relance bien sûr la polémique sur ma prétendue homosexualité et les cheveux longs.

Il y en a qui ont dû croire que « Je suis un Homme » était du verbe « suivre » et non du verbe « être ».

Les agressions restent dans le meilleur des cas verbales, « *Les gens qui me voient passer dans la rue / Me traitent de pédé* ». Soit j'ai des gardes du corps et les agresseurs restent prudemment discrets, soit je suis seul avec une gonzesse et les réflexions volent, « y doit pas y faire grand-chose le soir... ».

Je me souviens de Georgia, splendide beauté grecque qui, à la moindre réflexion sur ma virilité, exhibait sa poitrine de rêve en soulevant son tee-shirt et demandait à la cantonade « et ça, c'est quoi ? ».

Si j'avais été homosexuel, je l'aurais revendiqué et je refuse qu'on me traite de sale hétéro.

Je vais très souvent au Crazy Horse Saloon, avenue George-V.

Cet endroit devient pratiquement ma seconde maison.

Copain avec Alain Bernardin, et heureuse victime de ma mauvaise vue, je m'assois au premier rang, en plein centre. Je veux voir tout, écouter tout, sentir tout.

Lova Moore, rencontrée lors d'un concours de danse rock'n'roll à La Locomotive, est spectaculaire.

Ces tableaux à la gloire des femmes et de leur beauté, accompagnés par des musiques originales de Jacques Morali, plus tard co-créateur des Village People et Ritchie Family, me sont une source d'inspiration.

J'ai la chance d'être un des rares privilégiés autorisé dans les coulisses du temple de la beauté, un mec dans la Mecque du nu.

L'agent immobilier Jean-Claude Camus me déniche un hôtel particulier à Neuilly. Je m'installe.

## IV. Cherchez la Fame

Je fais mon premier Olympia au moment de « Ta Ta Ta Ta », le 25 octobre 1967.

Big Jim Sullivan prêté par Tom Jones est à la guitare, il est venu tout spécialement de Londres pour jouer derrière moi. La nuit précédant le concert, je suis incapable de dormir. Je m'autorise une grande sieste l'après-midi. Ma mère n'est pas là. Mon père ne lui a pas donné l'autorisation de venir.

Je passe en première partie des Beach Boys.

Pour moi, ils représentent le Rêve Américain, la Californie.

Après le concert, ils viennent passer quelques jours chez moi, à Neuilly.

Je me rappelle de folles parties de ping-pong dans mon hôtel qui, du coup, devient encore plus particulier.

Je garde peu de souvenirs de ce concert, sauf, peut-être, de l'attitude de mes compatriotes des marches venus en masse pour me huer.

Ce soir-là les frites n'auraient pas dû être comestibles.

Peu après, on essaye de me convaincre d'enregistrer mes hits en langue anglaise, « No No No No No » allemande « Meine puppe sagt Non » italienne « Una bambolina che fa No, No, No » espagnole « La Muñeca... »

Je tourne également à l'étranger, notamment en Allemagne avec Dave Dee Dozy Becky Mick & Teach et Marianne Faithfull.

Les Allemandes sont déchaînées.

Devant mon hôtel, elles se montent les unes sur les autres en pyramide humaine pour essayer de m'apercevoir, et réussiront à porter l'une d'elles jusqu'au troisième étage ! Ouvrant ma fenêtre, mort de trouille, je l'embrasse. J'ai peur qu'elle tombe, je tremble plus qu'elle.

A l'époque, je cours énormément. Les fans courent après moi. Je me sauve comme un dératé. J'ai une peur panique. Un jour, Mick Jagger, passé en coup de vent rejoindre Marianne entre deux concerts, me demande dans un français impeccable pourquoi je cours. « Michel, il faut au contraire marcher très lentement. Si tu marches, les gens arrêteront de te courir après ».

On peut dire que Mick m'a appris à marcher droit...

Lors d'une de ces tournées, je me retrouve en Belgique sans guitariste.

Je passe des coups de fil frénétiques à Londres.

J'arrive à joindre mon copain Mike Pinder des Moody Blues qui me demande d'aller à l'aéroport de Bruxelles chercher un ami à lui qui aime ma musique, les frites et les moules, et... c'est Jeff Beck* en personne qui descend de l'avion.

En quelques heures, il est au point. Ensemble, nous donnons quelques concerts démentiels, notamment à l'Ancienne Belgique, à Bruxelles. Aucun témoignage, aucune bande n'existe de cette foudroyante rencontre. Je le regrette encore.

Beaucoup d'interprètes étrangers reprennent mes chansons.

Sandie Shaw, la chanteuse aux pieds nus, Les Four Freshmen, Peggy Marsh et Scott McKenzie aussi.

Je me souviens d'être arrivé à la Mamounia et de tomber sur des Américains qui étaient là, en vacances.

A ma grande surprise, la sublime Michelle Phillips me demande si je ne suis pas Michel Polnareff.

Les Américains me confirment avoir juste terminé l'enregistrement d'une chanson à moi, à San Francisco avec Scott McKenzie.

---

* Guitariste extraordinaire, il avait suivi Eric Clapton et précédé Jimmy Page au sein des Yardbirds.

C'étaient les Mamas et les Papas, et ils avaient fait les chœurs sur « No No No No No » la version américaine de « La Poupée qui fait Non » !

C'est un peu à cause d'eux, et de John Phillips, que je suis venu m'installer sur la Côte Ouest de Californie.

J'ai peu de souvenir des tournées sixties. Entre deux épuisants marathons de concerts, j'habite à la Mamounia. Je m'étais pris d'un coup de foudre pour le Maroc. Un pays que j'adore pour sa nourriture, la fierté de ses habitants. J'aime leur culture, leur musique, leur finesse et leur hospitalité. Pour moi, pouvoir loger là, dans un des plus beaux hôtels du monde, devient une preuve concrète de ma gloire nouvelle.

En me reposant là, je touche du doigt ma réussite.

Un matin, dans les jardins, j'entends un oiseau siffler une petite mélodie.

C'est ainsi qu'a démarré « Ame Câline » que nous sommes allés bien entendu enregistrer aux studios Pye, à Londres. Je n'ai pas mis le crédit de mon co-auteur sur le disque, je ne connaissais pas le nom du drôle d'oiseau.

J'adopte un enfant marocain.

Quand j'étais à Marrakech, place Djama El Fna, Mustapha nous suivait partout.

Comme il voulait absolument rester avec moi, inconscient, je l'amène à Paris. Il se retrouve dans la meilleure école de Neuilly, lycée Sainte-Croix, paumé dans un monde qui ne le comprend pas, ne l'accepte pas, le traite mal parce que arabe...

Mustapha a tenu un an, puis il a fallu le ramener à Marrakech, c'était plus près de chez lui.

Pour fêter mon nouveau tube, je me retrouve co-vedette à l'Olympia, partageant pour quinze concerts l'affiche avec Dalida.

On se croise dans les couloirs des coulisses sans vraiment se connaître.

Un soir, Lucien Morisse, venu voir le spectacle, me présentera Dalida, son ex-épouse, une belle femme très sympathique.

Pour enregistrer « Le Bal des Laze », j'avais un simple mot qui sonnait. Le mot « Laze ». J'ai enregistré ce titre début 1968, aux studios Barclay. Pour créer l'ambiance, il nous fallait des bougies, des cierges, des candélabres. J'en exigeais cinq mille, on s'est contenté d'un petit peu moins, mais je voulais une atmosphère de messe, d'église. Cette légende des bougies est vraie. Il y en a eu d'autres. On a également raconté que j'exigeais un orgue Hammond blanc dans mes studios... Je ne m'en souviens pas. En revanche, des mois après la sortie du disque, j'ai reçu une lettre du comte de Laze qui m'invitait dans son château. Le château des Laze existait vraiment !

Sur la face B, je chante le style country « Y'a qu'un Ch'veu » avec Cyril Azzam, celui-là même qui avait hérité de mon fameux contrat Barclay à La Locomotive.

Grand collectionneur de voix, Eddie Barclay ne se remettait pas de m'avoir raté. Un soir, sachant que j'étais en fin de contrat avec les Disques AZ, il m'invite chez lui.

« Michel, tu vois la gonzesse, là-bas ? Elle est belle, hein ? Eh bien, elle est pour toi ». Je passe la nuit dans une chambre d'amis. Le lendemain, je me lève vers huit heures. Cigare à la main, Eddie m'accueille en peignoir immaculé. Il me tend un contrat d'artiste Barclay.

« Eddie, pour la gonzesse je n'ai eu besoin de personne, mais pour le contrat, j'aurais besoin de mon avocat ».

Voilà comment je n'ai pas signé avec les disques Barclay pour la seconde fois.

Je tiens à préciser que si je ne me suis jamais trouvé dans une relation professionnelle avec Eddie, j'ai appris à le connaître et à l'apprécier au cours des années.

En plus d'un hôte remarquable, il est un grand admirateur de talents et de beauté en tous genres.

Celui que j'avais pris à La Locomotive pour un play-boy superficiel, est en fait un être très sensible, comme moi grand amateur de jazz.

Ça n'est évidemment pas mon copain Quincy Jones qui démentirait cela.

De même, Barclay adorait Brel et Brel l'adorait.

Eddie Barclay aimait les artistes.

A l'époque, « Le Bal des Laze », que tout le monde s'accorde aujourd'hui à qualifier de classique absolu, était en fait beaucoup moins joué par les radios que sa face B « Y'a qu'un Ch'veu' » enregistré comme une espèce d'exutoire à l'incroyable pression de l'enregistrement du « Bal ».

J'étais furieux.

Pour moi il y avait là quelque chose qui relevait du sacrilège... J'ai depuis découvert que certaines radios refusaient de le jouer à cause du premier vers, « *Je serai pendu demain matin* ».

C'est mon 45 tours qui a le moins bien marché commercialement et « Le Bal des Laze » est aussi le titre que l'on inscrit invariablement dans les classements de chansons françaises les plus importantes depuis l'invention des classements de chansons importantes.

Cela pour les amateurs de paradoxes pop.

« Ce que j'attends d'une fille, c'est qu'elle soit gentille, douce et accueillante ». Je donne cette dernière interview télévisée avant la révolution culturelle, en avril 1968. En Mai, je me barricade.

### *FRÈRE BARRAULT DE 68*

En Mai 68, mon management me demande de ne surtout pas prendre parti. Le problème est avant tout celui des étudiants. Pourquoi ne pas aller passer quelques semaines à la campagne ?

Pour moi, l'expérience passionnante de cette fin des années 60 reste mon travail avec Jean-Louis Barrault. En écrivant la musique de son « Rabelais », j'étais en train de récupérer les bienfaits de Mai 68. C'est pratiquement manu militari que Jean-Louis avait été éjecté du théâtre de l'Odéon. Il avait une revanche à prendre. Son combat personnel me touche. Et travailler avec lui fut remarquable. Il était l'éternelle jeunesse artistique française, et puis surtout, ça m'amusait de faire enfin quelque chose où je m'exprimais par la musique et les arrangements et non plus en termes de chansons de trois minutes. Depuis le lycée, j'aimais Rabelais, pour son côté jouisseur, ripailleur, épicurien. Gargantua, Pantagruel, frère Jean des Entommeures restent des personnages hauts en couleur. J'étais à la fois content de servir la cause personnelle de Jean-Louis et flatté que ce soit à moi qu'il demande la musique.

Qui fut un exercice de style.

J'avais mis dans ma musique des effets de cinéma muet et de cartoon. Barrault, à ce stade de sa vie, me laisse le souvenir d'un personnage étonnant. Nous avions travaillé en osmose.

Faire parler le mime fabuleux qu'était Barrault avec ma musique me fascinait. Collant totalement à l'époque, je compose un exercice psychédélique en plusieurs mouvements au rythme de jerks endiablés qui se déploient dans un ballet de stroboscopes.

Soudain, je ne suis plus un chanteur de variété.

Me voilà consacré compositeur.

*FEU AUX POUDRES*

Pour la sortie britannique de la pièce « Rabelais », Jean-Louis Barrault, qui était intime avec le prince Charles et la Princesse Anne, invite toute l'équipe de la pièce dont j'avais écrit la musique à une fête à la cour d'Angleterre. J'arrive à Londres, invité chez la reine d'Angleterre. Mais les douaniers anglais m'avaient repéré de longue date et chaque passage à leur frontière était le théâtre de furieux échanges tragi-comiques.

C'est l'époque où les musiciens français sont mal vus en Grande-Bretagne, pour des histoires de permis de travail. On nous fait payer d'énormes taxes sur les bandes magnétiques, etc. Ce jour-là, j'arrive à Londres Heathrow avec ma copine de l'époque, court vêtue d'une mini minijupe, laissant fort peu de travail à l'imagination. Les douaniers nous accueillent avec circonspection. C'est vrai, que venons-nous encore fabriquer chez eux ? La réponse, « un dîner chez la reine d'Angleterre », provoque aussitôt l'hilarité générale (« Et moi, je suis le père Noël ! » nous dit le défenseur de la frontière.).

Je pêche mon invitation, pliée en huit dans ma poche de jeans.

Son apparition tétanise le corps de garde.

A l'époque, j'employais un shampooing sec, plus pratique en tournée. J'en avais dans un sac plastique transparent. La vision de cette poudre blanche, portée par un chevelu, allait provoquer quelque émoi chez les douaniers qui prenaient des cours pour se familiariser avec les drogues.

Le nôtre fouille mes bagages et s'excite beaucoup sur mon sac de shampooing sec. N'écoutant pas mes explications, il se met à rouler un joint avec ma poudre mystérieuse... J'ai bien tenté de le prévenir, de lui expliquer que cette poudre de Lycopode, également base de feu d'artifice, est extrêmement dangereuse. Persuadé qu'il vient de tomber sur une très grosse prise, il allume sa cigarette... Explosion. Face Noircie.

Je me roule par terre de rire.

Puis je sors « Tous les bateaux, tous les Oiseaux ». En face B, « Tout Tout pour ma Chérie » m'ouvre en grand les portes du Japon. Ce titre devient aussitôt un numéro 1 au pays du Soleil Levant. En 2002, il devient l'hymne officiel de l'équipe de football du Japon. La mélodie deviendra également sonnerie de téléphone, jingle de pub, indicatif d'émissions télévisées.

A ce moment-là, Lucien Morisse me fait rencontrer Annie Fargue qui deviendra ma conseillère de carrière et bien plus.

Notre première rencontre a lieu dans le bureau de Lucien Morisse, avenue François-I$^{er}$. Nous avons tout de suite accroché. J'étais impressionné par une femme qui, contre l'avis de toute la profession, avait monté « Hair » en plein mois de juillet au Théâtre de la Porte-Saint-Martin et obtenu un succès historique et colossal. « Hair » avait été un triomphe. Non sans remous scandaleux (certains chanteurs apparaissaient nus sur scène). Annie est un personnage étonnant. Elle avait été l'amie intime d'Albert Camus et Jacques Prévert. Fascinée par les créateurs, elle a un respect total pour les artistes. Nous avions cherché à nous revoir et c'est Alan, le secrétaire de Johnny, qui nous a littéralement mariés. Pour lui, c'était évident, nous étions faits l'un pour l'autre. A l'évidence, il ne s'est pas trompé... j'ai joué du piano pour Annie, toute une nuit.

Et nous nous sommes classiquement perdus de vue.

Pour moi les émissions de télévision de ces années-là sont de très mauvais souvenirs. Quatre Temps, Tous en scène, Discorama, Télé-Dimanche, Au risque de vous plaire... Dans les années 70, la SFP avait exigé que nous fassions nos play-back sans micro. Sauf que nous, les chanteurs, avons besoin de cet accessoire, même s'il ne sert objectivement à rien ! Du coup, un jour, à la SFP, j'arrive avec un rasoir électrique. Et j'ai chanté dedans, en direct chez les Carpentier. Paul Anka, une des idoles de mon enfance, passait après moi, il avait le même problème... Il est venu m'emprunter mon rasoir dans ma loge !

C'est pour cela que je me suis régalé en tournant des années plus tard le spécial Canal Plus. Soudain, nous étions libres, hors contraintes !

Avec Canal Plus, j'ai adoré cette liberté de montrer mon univers. Je me sens mal à l'aise dans celui des autres. J'aime faire rêver le public.

Si je ne contrôle ni les lumières, ni la mise en scène, ni les musiciens, je me retrouve avec la désagréable impression d'être en train de vendre mes chansons.

## *ON THE ROAD*

A la fin des années 60, personne ne réfléchissait en terme artistique, en notion de carrière d'aucune sorte. Je sais que des milliers de gens continuent à vivre dans le lancinant souvenir des fabuleuses années 60.

Pour moi, au contraire, cette période est vraiment déplorable. Un oiseau chante parce qu'il en a envie. Certains soirs, on a un concert et pourtant pas très envie de faire l'oiseau. Mais le public est là, il s'est préparé parfois des mois à l'avance. C'est respectable. Seulement, à l'époque, nos managers sont plus préoccupés par la caisse que par la qualité du spectacle. Public ou artiste, ils s'en moquent. Ça fait du monde ! Nous étions managés comme des citrons.

Et l'argent ?

Dans ce métier, il faut savoir que l'argent passe, mais ne reste pas.

Paul de Senneville était le manager de Christophe. Je sors un tube, il devient le mien.

Dans les années 60, un manager donnait surtout des ordres, d'une manière inconcevable aujourd'hui. Michel, le 19, tu es là, le 20 tu es là, le 21 tu fais telle télé, et le 22 tu pars pour le Japon après telle interview. A ton retour, tu enregistres un nouveau 45 tours...

En cas de fatigue, l'artiste devient juste un

manque à gagner pour le management. Donc un salaud.

Je me souviens avoir fait des spectacles avec plus de 40 de fièvre, ou totalement aphone, disant les paroles au lieu de les chanter.

J'avais appris à gérer cela.

Comment présenter à mon public du rêve, des spectacles différents, quand on joue sous des chapiteaux, qu'on se change dans les champs de blé avant d'entrer dans l'arène ?

Je me suis retrouvé en train de « travailler », au lieu d'avoir du plaisir en donnant ce qui est vraiment moi.

Beaucoup m'ont vu à l'époque sous un chapiteau et sont repartis enthousiastes, mais personnellement, je n'y trouvais pas mon compte.

En 1969, nous tournons à la cadence de 90 concerts été, 90 concerts hiver. Un nouveau genre d'esclavage.

De plus, mes tournées des années 60 sont très mal organisées. Nous sillonnons la France en zigzag, sans réelle stratégie. Je n'aime pas trop parler de l'envers du décor. Ce qui est important c'est que les artistes fassent rêver. Nous nous devons d'être des chanteurs avec de belles gonzesses, de belles voitures, des privilèges et l'adoration du public.

En réalité, chaque disque était un fléau, chaque tournée un calvaire.

Mais il fallait que ça paraisse facile.

Comme paraissaient faciles les prouesses acrobatiques du Cirque d'Hiver.

Les artistes doivent sentir la paillette, pas la sueur.

Une tournée 1969, ce sont des mecs qui se tuent sur la route en venant au concert. C'est le type qui essaye d'entrer en coulisses en affirmant avoir été en classe avec « Paul Nareff » et qui se fait tabasser par la sécurité. Ce sont des camions qui se retournent, des sonos qui ne marchent pas, des musiciens qui se bagarrent. C'est le public qui renverse ma voiture sur le toit un soir de 31 décembre à Marseille. C'est le promoteur local qui veut montrer à tout le monde qu'il est un grand mac et qui, devant sa femme folle de l'artiste, va traiter ce petit Polnareff comme de la merde. Ce jour-là, il va montrer que c'est lui le chef, en tout cas le grand caporal du coin. C'est tout cela que le Polnareff des années 60 doit affronter, en permanence.

J'évoluais dans un bordel phénoménal. Personne n'avait de rôle défini. A chaque spectacle, je me demandais ce qui n'allait pas marcher. Généralement il était impossible d'effectuer un réglage de la sono. Lorsque nous arrivions à la salle, les spectateurs étaient déjà là. Et puis à l'époque le rock attire des éléments incontrôlables, tous les cas difficiles du coin, venus pour la bagarre plus que la musique. Un enfer.

Par quel miracle ai-je survécu ? Peu de gens savent que ce métier est également une affaire de courage. Je me souviens de Jacques Rouveyrollis préparant pour Johnny le dispositif de scène de son arrivée au Zénith en 1982. Il devait arriver dans un poing géant, construit à vingt mètres au-dessus de la scène.

Johnny vient se ressourcer chez moi en Californie.

Il me montre les plans, très heureux de cet effet spécial, totalement unique. Premières répétitions.

Catastrophe, il a le vertige. En plus, sa hanche récemment fracturée le torture. Que faire ? Changer ce dispositif ?

Impossible.

Johnny a pris sur lui, avec un courage énorme.

C'est ça aussi, le prix du nom en lettres de lumière.

Dans mon club de musculation, aujourd'hui, je me force à essayer les machines les plus difficiles, à me préparer physiquement et mentalement à mon retour sur scène.

Voilà pourquoi j'avais effacé de ma mémoire la plupart des souvenirs de ces anecdotes de tournées sixties.

Il m'est relativement difficile de revenir en détail sur mon groupe de tournée de l'époque, les Jelly Rolls. J'avais envie de donner aux gens ce qu'ils entendaient sur mes disques, mais emmener mes musiciens de studio sur scène devenait problématique dès lors que Jimmy Page fonde son propre groupe.

Les musiciens de studio ne sont pas des musiciens de scène et souvent inversement.

L'aventure n'est pas la même.

Par contre je revois bien ma collection de voitures. J'adorais les Porsche. J'avais une 911 S. Christophe, Johnny, moi, nous étions passionnés de courses automobiles, mais nous ne les faisions pas que sur des circuits... Flambe totale, nous mettions de la glycérine dans les réservoirs pour que des flammes de un mètre sortent du pot d'échappement. A Paris, j'ai ma bande, comme à l'époque du Sacré-Cœur chez les beatniks. Nous sommes une dizaine. Il y a Jean-Michel Desjeunes, Pierre Lescure, mon entourage personnel, Mimi, Cyril, mes gonzesses. Chaque soirée, dîner restaurant, nuit King Club.

Bagarres à six, sept heures du matin.

## V. Marrakech Express

Été 1969, on me dit que mon nouveau 45 tours « Tout, Tout pour ma Chérie » et « Tous les bateaux tous les Oiseaux » fait un malheur. Je pars en vacances au Maroc, je décide d'y aller en Ford Mustang décapotable. Paris-Marrakech, direct. J'emmène ma copine et mes deux singes, des Bonnets chinois qui me détestent. Ce sont deux mâles très occupés à se sodomiser l'un l'autre. Respectueux de leur tranquillité, je leur sacrifie une pièce de mon appartement de Neuilly. Parfois je rentre dans la chambre pour voir ce qu'ils font. Ils me chient dessus narquoisement. Pour leur récompense, je les emmène en vacances au Maroc, à la Mamounia. A peine arrivés, ils s'échappent et se perchent dans un grand arbre, face à la fenêtre de ma chambre. Je suis désespéré, « mes Bonnets chinois ! ». J'aimais bien leur indépendance arrogante. Que vont-ils devenir ? Ma copine grimpe sur le toit de la Mamounia, saute dans l'arbre, me ramène mes primates que j'offrirai dès mon retour à mon ennemi l'épicier du coin venu de son lointain Limousin, peu avant de repartir en tournée.

Après avoir fait la fête avec le frère du roi du Maroc, Mulley Abdallah, je me retrouve donnant un concert pour le Parti socialiste, à Saint-Etienne.

Devant quarante mille personnes, sans aucun service d'ordre. A la fin du concert, la foule charge et je ne dois mon salut qu'à mon secrétaire Mimi qui me prend dans ses bras, galope un cent mètres et me jette dans une voiture qui démarre aussitôt.

Cette image épique est restée fixée dans les mémoires. On se souvient moins de ma première partie de l'époque, un certain François Mitterrand, alors premier secrétaire du PS.

Mitterrand se posait une grande question.

Venu me voir un soir dans ma loge, il me demande conseil. De quel côté doit-il faire son entrée en scène ? Je lui ai bien sûr suggéré de faire toutes ses entrées du côté gauche.

En 1969, j'enregistre à Londres « Dans La Maison Vide ». Ce morceau colle bien à ma peau, musique à base de cordes.

J'adore l'intro, avec les violons qui s'accordent. L'auditeur a littéralement l'impression d'un rideau rouge imaginaire qui s'ouvre. Bill Shepperd, qui faisait les arrangements des premiers Bee Gees, dirige les cordes.

Je prépare un Olympia qui exposera enfin mon univers, une aventure extraordinaire. Les spectateurs, qu'ils soient fans ou de fidèles habitués de l'Olympia, s'attendaient à un changement de décors par le fond de la scène. En fait je fais tout casser chez Coquatrix avec l'aide de Jacques Rouveyrollis et ma scène descend... du plafond. Un truc onirique, un miracle, quelque chose d'impossible. J'avais tout soigné, travaillé les ambiances, inclus des automates. De la scène, je vois dans les yeux des spectateurs que ce show tient du miracle.

Bruno Coquatrix est un personnage mythologique qui dirige de concert l'Olympia et la mairie de Cabourg.

Quand il me regarde, ses yeux montrent un mélange d'admiration et d'inquiétude.

Pourtant, je ne lui demande pas grand-chose.

Je veux seulement casser le mur du fond de scène pour pouvoir sortir directement de ma loge et donner plus de champ à mes stroboscopes aveuglants pour « Le Bal des Laze ».

Coquatrix nous séduisait à coups de spaghettis cuits par lui personnellement et de coco-ci et coco-ça.

Il avait pour habitude de fumer d'énormes cigares et de venir prendre l'artiste dans ses bras à la fin des premières avec son traditionnel « c'est un triomphe »

Il en fit de même pour Marlene Dietrich qu'il étreignit en oubliant son cigare malheureusement allumé.

L'ange bleu changea de couleur ce soir-là... Quant à moi, connaissant le rituel, je prenais la précaution de lui serrer la main.

Nous sommes en 1970. J'achète une monstruosité de cuir et de chromes, un chopper, ma première Harley Davidson. Je déniche un modèle exposé à Hambourg, totalement chromé, beaucoup trop lourd pour moi, trop haut aussi. Cette Harley, je l'ai rodée dans mon appartement de Neuilly. Les photos parues dans la presse de l'époque sont authentiques. Mais, dès ma sortie inaugurale dans les rues de Neuilly, je me casse la figure au premier feu rouge. Il faut quatre personnes pour relever la Harley... Finalement, j'emmène l'engin au Maroc où je fais Rabat-Marrakech en roulant en première, à trente à l'heure... A l'époque, je pèse dans les cinquante kilos pour un mètre soixante-quinze, je suis trop léger pour ce monstre.

Je la revends à un certain Jean-Philippe Smet.

Pour égayer mon hôtel particulier de Neuilly, j'achète un coq. J'ai une grande pièce avec une verrière, et derrière, un petit patio. J'installe le coq dans le patio. Erreur, je ne mets pas de poule. Très énervé, mon coq se réveille très tôt. Et chante dès le petit matin, à la grande fureur d'un voisin qui se met à tirer au fusil sur mon coq. Impossible de savoir d'où proviennent les coups de feu. Je fais alors l'acquisition d'énormes phares anti-DCA qui balayent le ciel et se mettent en marche au premier coup de feu. Le voisin est intimidé. Je peux continuer à jouer de l'orgue à quatre heures du matin.

En mai 1970, on me renvoie en tournée sur les routes de France. Pressentiment ? je demande à mon copain Alan, alors secrétaire et garde du corps de Johnny, de m'accompagner. Le 4 juin, à Rueil-Malmaison, un spectateur saute sur scène, se jette sur moi et me roue de coups. Après m'avoir donné un coup de poing très bas sous la ceinture, il m'en donne un en plein visage. Je tombe en arrière. M'assomme contre le piano. Panique générale. Les CRS interviennent en matraquant absolument tout le monde, agresseur, fans, musiciens, organisateurs.

Deux heures après le concert, on retrouve mon batteur Richard Dewitt, (futur Il Était Une Fois) KO sous la scène. Cet été-là, je passe mes vacances en clinique à Beaumont-sur-Oise pour dépression bien méritée avec cure de sommeil à la clef.

La sortie d'une cure de sommeil est terrifiante. On croit se réveiller le lendemain, en fait il s'est passé un mois ou deux. Il faut raser sa barbe. Puis diminuer les doses de calmants. Soudain les journées deviennent longues, de plus en plus longues. La souffrance est indescriptible. Les journées n'en finissent plus.

Un beau jour, un infirmier remarquable

me parle. Violemment. Il me conseille d'arrêter tous ces médicaments, ces traitements, d'aller boire un coup, de rigoler. Et puis il m'emmène au premier étage de la clinique. Il y avait là tous les patients au stade terminal de leur cancer. Avec le sourire, tous. J'ai eu honte de me plaindre. De quoi est-ce que je me plaignais ? Dans mon album « Kama Sutra », j'écris « *Je veux t'aimer, je veux pas crevir, ni mourir de désespir / Je ne veux pas d'amour cachets* ». Un résumé de cette expérience. Cet infirmier formidable avait relativisé mon état par rapport à un vrai drame.

A ce moment, quoi de plus naturel en somme, naît « Je Suis Un Homme ».

## *PSYCHAOSOMATIQUE*

Je peux parler des psys comme je peux parler des grands chefs, des cliniques et hôpitaux comme des grands hôtels.

J'ai rencontré des grands cuisiniers et des faisans.

La même remarque s'applique au corps médical.

J'ai rencontré deux grands professionnels de la dissection des cerveaux, le Dr Gérard Vachonfrance et le Dr Claude Chiarini.

Le premier m'a impressionné par sa science, le deuxième par sa grande connaissance des hommes.

J'allais voir Vachonfrance dans son cabinet, et il me présentera à la méthode Schulz et à l'hypnose qu'il pratiquait sur lui-même.

Devant ma réticence à croire aux sciences méconnues, pour me convaincre, il s'arrêtera le cœur devant moi.

C'était le monde à l'envers, j'avais le stéthoscope et c'était le médecin qui avait un arrêt cardiaque.

Heureusement, il pouvait le redémarrer avec la même facilité qu'il avait de le stopper.

Difficile de ne pas croire en Vachonfrance.

Son infirmier Souquet viendra souvent m'accompagner à Londres pour me soutenir durant mes interminables séances d'enregistrement.

Souquet l'étoile...

Le Dr Chiarini, ancien psychiatre de la légion, connaît les hommes et leurs limites.

Plus terrien que Vachonfrance, il m'aidera par sa confiance en mes ressources qui l'étonnent.

Pour lui, comme pour moi, les hommes courageux sont ceux qui surmontent leurs peurs, pas ceux qui vont au combat aveuglément.

Le mérite est la distance entre la peur et le moment où on la surmonte.

Chiarini sait que mon combat est solitaire dans un Métier où souvent la politique l'emporte sur l'amour de la musique.

Il m'aidera à dédramatiser et mettre les choses en perspective.

J'ai appris une chose de ce furieux concert de folie de Rueil-Malmaison. Quelque part, les foules ont le respect des instruments classiques, notamment de la harpe. On casse une basse, on crève un ampli, on bousille une batterie, mais une harpe reste quelque chose de sacré. Dès que l'émeute menaçait, vite on mettait une harpiste et son instrument sur le piano. La harpiste jouait, l'émeute s'arrêtait.

En tournée, on voit surgir les fameuses groupies.

Quand on est la vedette du spectacle, on quitte la salle très vite pour se retrouver tout seul dans sa chambre d'hôtel.

Il faut redescendre, se calmer, décompresser.

Cela nécessite au moins deux ou trois heures.

Pendant ce temps-là, les groupies cherchent « l'idole ».

Elles vont rencontrer divers musiciens, techniciens, mécaniciens, chauffeurs, guitaristes... sur ce qu'on leur présente comme le chemin de la chambre de Polnareff.

Et elles n'approchent jamais le chanteur qui reste tout seul, frustré dans sa chambre d'hôtel.

Être moi n'a pas toujours été un avantage.

Ces groupies, je ne les ai pas eues précisément parce que j'étais Michel Polnareff.

En revanche, je fais mes tournées en

Porsche, et j'exige de loger de préférence dans des hôtels Relais & Châteaux.

Goûter aux privilèges des bourgeois sans jamais en devenir un.

J'ai développé de solides amitiés avec de grands chefs.

Je garde le souvenir impérissable de Thuillier, à Beaumanières, qui m'attendait vers les trois quatre heures du matin pour me préparer des truffes sous la cendre... A Crissier, en Suisse, le fameux Freddy Girardet, champion incontesté de la nouvelle cuisine, m'emmène devant ses fourneaux pour élaborer devant moi le repas qu'il va me servir.

On conviendra avec moi que c'est meilleur qu'une barquette de frites aux Abbesses, à onze heures du soir, sauf, bien sûr, si c'est accompagné de la luxueuse moutarde.

## VI. « Polnareff's »

Le 12 septembre 1970, je chante à la Fête de l'Humanité, à La Courneuve, en vedette avec Pink Floyd. Ce n'est pas sans une certaine jalousie que j'assiste à l'installation de leur énorme scène directement apportée par des grues. Je m'envole, aller-retour au Brésil, pour un concert à Sao Paulo. Aucun souvenir. Du citron pressé par le management, il ne reste plus que le zeste. En décembre, « Salut les Copains », magazine inventé par Daniel Filipacchi, créateur du tutoiement spontané en France, fête son centième numéro. Dans un article intérieur, les photographes des vedettes yéyé, Jean-Marie Périer en tête, me présentent comme « la plus difficile » de toutes les stars du genre.

Moi, je n'en sais rien, chers Copains, ce que je sais c'est que la « star la plus difficile » restait des éternités en studio jusqu'à ce que le résultat de ses concepts devienne des clichés dont certains sont des classiques aujourd'hui.

En studio à Londres, j'enregistre l'album « Polnareff's ». Je sais que pour beaucoup ce 33 tours est historique. Je suis sans doute influencé par de grands albums rock bourrés de cuivres parus à cette époque, le premier Chicago Transit Authority, le premier Blood, Sweat And Tears. Je me souviens d'un enregistrement intense, sur une longue période, avec mon collaborateur artistique Barry Kingston.

Lui me suit au doigt et à l'œil.

Il croit en moi, me considère comme un génie.

Enfin un qui pense comme moi.

« Polnareff's » fut un projet difficile. J'habite littéralement dans les Studios Landsdown durant toute la durée de l'enregistrement. Il y a plein de sons que je veux utiliser, qui n'existent simplement pas et qu'il faut inventer.

Pour l'époque, l'enregistrement de ce disque est complexe. Nous n'avons que huit pistes.

Pour passer d'une chanson à une autre, il faut deux jours.

Je conçois donc tout ce projet chanson par chanson.

Les synthés n'existent pas encore et il faut enregistrer chaque instrument, puisque le sampler n'existe pas non plus.

A un moment, je positionne mes choristes en cercle et je fais tourner mon micro comme au bout d'un lasso pour obtenir le fameux effet « Leslie », faisant ainsi tourner les voix.

Je vais enregistrer dans la rue, en dehors du studio, ce qui donne toujours des sons étonnants.

De même, pour « Holidays » je donnerai des coups de pied de micro dans le mur pour augmenter la puissance de la batterie.

Les ingénieurs se demandent si je suis devenu fou, mais j'obtiens des sons vraiment prodigieux.

Nous passons des heures, des heures et des heures à créer physiquement ce que tout le monde obtiendrait aujourd'hui en quelques secondes sur un ordinateur.

J'ai toujours passionnément aimé la recherche des sons.

Je demande à Herbie Flowers (qui tiendra la basse sur « Walk on the Wild Side » de Lou Reed) d'enregistrer avec moi. Je compose un instrumental destiné à mettre sa basse en valeur. Trente ans plus tard, « Voyages » poursuit son chemin sur les compilations les plus branchées... « Computer's Dream » parle de l'avenir, indique la direction future... Sur ce disque je flirte avec le rock, la variété et le jazz.

Cet album est un compromis entre ce que je voulais faire et ce que les gens du Métier pensent que le public attend de moi.

A ce moment-là, je n'ai pas encore tranché.

A part « Qui a tué Grand-Maman », dédié à Lucien Morisse, aucun single ne sort de « Polnareff's », mais il reste un vrai projet de longue distance, avec seulement des titres inédits et non une collection des 45 tours qui avaient le mieux marché réunis par la maison de disques avec quelques inédits. Et les onze titres tiennent. Mais en écrivant ces lignes, je me rappelle, rentrant à l'hôtel me coucher quand tout le monde se lève, savoir que si je m'écroule de fatigue, si je tombe, là, dans le petit matin, personne ne comprendra. Il est cinq heures, Londres s'éveille.

Ces gens qui vont travailler ne font pas partie de mon monde, je ne fais pas partie du leur.

Je suis seul.

Heureusement, je me souviens d'avoir profité d'un de mes séjours britanniques pour donner des leçons de piano à Mick Taylor. C'est un guitariste extraordinaire qui, pour moi, a réélectrisé les Stones à l'époque de « Honky tonk Women ». Parti en solo, il se passionne pour le piano et me demande de lui donner des leçons. Je lui montre les bases du boogie-woogie et du blues au clavier.

Un autre soir, Jimmy Page m'appelle, Hank B. Marvin et les Shadows passent au Royal Albert Hall. Je retrouve Jimmy dans la loge privée de Led Zeppelin. Et nous assistons à un concert inoubliable.

Hank B. Marvin est un de mes guitaristes préférés et ça m'a amusé de voir Jimmy partager mon enthousiasme.

On était comme deux gamins, debout sur les chaises, faisant un triomphe à l'un des pionniers de la Stratocaster. Il a bercé mon enfance avec ses sons de cristal et ses lunettes à la Buddy Holly.

On retrouve cette influence chez Mark Knopfler de Dire Straits.

Pour fêter la sortie de « Polnareff's », ma maison de disques organise une grande fête au George-V, que je traverse telle une ombre non concernée.

Ma façon de travailler est intense et dangereuse.

Je vais jusqu'au bout de l'épuisement et pousse les limites au maximum.

Quand je suis en création, je suis à l'écoute.

Chacun de mes sens, jusqu'au moindre petit poil de barbe, devient une minuscule antenne scannant l'univers.

Tous les incidents invisibles en apparence sont captés et viennent en cascade s'incruster dans le coffre-fort de l'inspiration.

Le créateur est récepteur, le chanteur émetteur. Je suis les deux.

M'étant lancé dans cette aventure sans aucun soutien, brouillé avec mes parents, je n'avais absolument personne à qui me confier.

Pour mon entourage, le management et mes équipes, j'étais une sorte de reine-mère plus qu'un roi des fourmis. Si la reine était fatiguée, mes fourmis s'en allaient trouver une autre pondeuse. Un artiste qui ne fait plus de tournées ne sert plus à rien.

Question de survie...

J'ai vécu des descentes aux abîmes avec les déceptions que cela entraîne inévitablement.

Mais le public est toujours là, d'une fidélité exceptionnelle.

En mars 1971, Eddy Mitchell m'invite au Château d'Hérouville pour une jam boogie-woogie qui paraît sur son album « Rock'n'Roll ».

Formidable mec.

Formidable séance de piano rock'n'roll...

Pour ma tournée d'été 1971 j'ai l'idée de monter un groupe de rockeuses vikings. Un groupe entièrement féminin pour accompagner Polnareff !

Cyril Azzam, mon éternel second, va faire le casting, en Suède et en Finlande. Il me ramène effectivement un groupe de quatre filles, Margit, Sirpa, Birgitta et Irene.

Le concept était novateur mais le groupe dans lequel on pouvait placer de si hauts espoirs n'a simplement pas fonctionné.

C'est là que j'ai compris pourquoi Alain Bernardin réglementait à ce point la vie des danseuses du Crazy.

C'était une période où je m'amusais de peu. Dès qu'on entendait mon nom au Concorde Lafayette on répondait que l'hôtel était complet.

Un jour de grosse chaleur, je tente d'y prendre une chambre climatisée.

Peu avant, j'étais en retard pour l'écriture d'un arrangement pour une de mes chansons.

La date-butoir s'approche à grands pas. Je demande à mon co-arrangeur de m'aider à respecter ce délai. En cas de victoire contre la montre, je lui avais promis de la compagnie féminine dans la chambre que je lui avais louée pour sa concentration au Paris Hilton (déjà !).

L'arrangeur ayant réussi une prouesse, je me dois de tenir ma parole. Malheureusement, l'ascenseur du Hilton rempli de filles nues s'arrête à plusieurs étages et des clientes se plaignent à la direction.

Quelques coups de téléphone entre concierges et je suis interdit dans tous les palaces de la capitale.

C'est au volant de ma Rolls vieux rose métallisé que je franchis l'immense porte, alors coulissante, du hall du Concorde Lafayette. Sans rien casser !

Je me parque juste devant la réception et baisse ma vitre : « Vous êtes sûr que vous n'avez pas une chambre pour moi ? »

On me répond par l'affirmative. Descendant de ma Rolls, je tends les clefs au chasseur : « Pouvez-vous, s'il vous plaît, garer ma voiture pas trop loin de ma chambre, j'ai horreur de marcher. »

Depuis, la direction de l'hôtel a installé une porte à tambour.

Dommage.

On ne peut malheureusement plus pénétrer dans le hall du Concorde Lafayette en Rolls.

Les clients importants s'en plaignent.

Un autre soir, en province, je me glisse en douce derrière le piano de Johnny Hallyday, pour lui faire une surprise. Il apprécie. Du coup, il me réclame à nouveau derrière lui, et quelques mois plus tard, je suis son invité spécial au Palais des Sports, du 23 septembre au 10 octobre 1971.

Lorsque je joue avec Johnny, je lui tourne le dos pour permettre à François Reichenbach de mieux filmer notre rencontre-événement que l'on verra dans le film « J'ai tout donné ».

Sur « Si tu pars la Première » je dois partir le premier, et faire seul l'introduction au piano.

Ça me rend particulièrement nerveux car, furieux de ma présence pourtant réclamée par leur chanteur, les musiciens de Johnny s'acharnent à changer l'ordre des morceaux tous les soirs, ce qui fait que je ne sais pas exactement quand je dois démarrer.

Je me fais fixer des rétroviseurs sur le piano pour surveiller Johnny et surtout la chute de reins de Nanette Workman, belle Canadienne qui faisait les chœurs et les faisait battre.

## VII. Georgia on my mind

Cet été 1971, à Athènes, il m'arrive une expérience des plus étranges. J'étais alors très amoureux d'une Grecque, Georgia, qui m'inspirera la chanson « Allô Georgina ». Georgia m'a fait beaucoup, énormément souffrir. Elle était très belle. Mais à l'époque, je ne savais pas que la passion est ennemie de l'amour. Je prenais même la passion pour de l'amour. Donc il fallait que les portes claquent, que les assiettes se cassent, que Georgia se jette sur moi avec des objets pointus... Je suis fou d'elle. Et nous sommes inséparables. Parfois Georgia me plaque. S'en va en claquant la porte. Je m'écroule, soulagé, « voilà, c'est fini ». Mais Georgia revient toujours. Nous vivons sur des montagnes russes et c'est horrible.

Un soir, ivre de passion, persécuté par mon obsession, je n'arrive plus à dormir.

J'habite alors avenue Victor-Hugo, au dernier étage d'un immeuble.

Le manque de sommeil me rend fou. Les médecins sont inquiets. Un infirmier vient me faire une piqûre. Il faut absolument et expressément que personne ne me dérange et que je passe une vraie nuit de sommeil complet. Rassuré, l'infirmier repart après m'avoir mis au lit. Il ferme toutes les portes à clef, triple tour.

Je vais enfin pouvoir dormir...

C'était compter sans Georgia qui, telle Catwoman, grimpe le long de la gouttière et escalade la façade pour monter jusqu'au dernier étage. Elle casse la fenêtre au-dessus de mon lit.

La fenêtre explose et Georgia bondit dans la maison, sur mon lit.

J'ai cru mourir.

Un jour, à Mykonos, nous étions sur la plage, un paparazzo s'est caché dans un arbre. Il nous prend en photo, il nous mitraille.

Excédé, je vais le voir et lui explique que je suis dégueulasse, pas rasé, et lui propose de nous prendre en photo le lendemain matin à 10 heures au même endroit.

Nous arrivons.

Pas de paparazzo.

Il s'était caché dans un autre arbre !

Il n'était pas le seul à nous mitrailler puisque tous les journaux grecs sortiront des photos de moi essayant d'étrangler le vicieux personnage avec sa courroie d'appareil photo.

N'essayez pas de donner quoi que ce soit à ces mecs, c'est pour eux un déshonneur. Il faut qu'ils volent.

Georgia rentre à Paris.

Incapable de me nourrir, vaincu par la chaleur, incapable de dormir, déshydraté, épuisé, je rentre à Athènes. Là, je prends une chambre au Hilton où ronronne enfin la climatisation.

Ce soir-là, totalement épuisé, je suis pourtant incapable de trouver le sommeil. Le rideau de la fenêtre se tire vers ma tête.

J'éteins.

Les lumières de la ville d'Athènes me passent au ras du nez. Je me découvre architecte d'intérieur. Avec la logique implacable de ces moments de perdition, je me dis qu'ils sont vraiment idiots dans cet hôtel. Soit ils mettent le lit de l'autre côté, ma tête aurait été à l'ombre, soit ils mettent un rideau qui ferme dans l'autre sens. A ce moment-là, je me suis dit, « c'est pas compliqué, je vais déplacer mon cerveau de l'autre côté de la pièce, du côté de l'ombre, et ainsi je vais pouvoir dormir. » Ce que j'ai fait. Et j'ai dormi quelques heures. Malheureusement, au réveil, mon cerveau était resté de l'autre côté de la chambre.

Terrible écho sous mon crâne.

Je suis tant bien que mal rentré à Paris.

Je me suis beaucoup renseigné sur mon aventure auprès de spécialistes de psychiatrie et d'ésotérisme. Ils m'ont expliqué que c'est une expérience d'une force colossale qu'on ne peut faire que dans des états extrêmes. C'est la sortie du corps dont parlent certains grands accidentés, les gens qui fréquentent des chamans, etc. Tous racontent la même chose que moi, tous font cette expérience dans des circonstances inouïes (accident, coma, prise d'hallucinogènes). J'avais obtenu le même résultat par la seule force de l'épuisement.

C'est peu après que je me convertis au karaté. Je rencontre Jean-Claude Albert, membre de l'équipe de France championne du monde avec Dominique Valera comme capitaine.

C'est un adepte de l'école Kyo-Kushinkaï dont le grand fondateur était Matsutatsu Oyama (qui me remettra une ceinture noire honorifique à Tokyo, en 1975, lors d'une tournée au Japon).

Jean-Claude devient mon garde du corps. Je l'avais rencontré pour la première fois un soir, après une embrouille qu'il avait peut-être organisée lui-même, à la sortie d'une boîte de nuit.

Il me sauve, je l'embauche.

Jean-Claude m'a beaucoup aidé. Il a fait de moi le premier artiste français adepte de la musculation et du sport.

Du coup, c'est moi qui traîne Johnny dans une salle de sports.

Johnny habite avenue Raymond-Poincaré. Je viens le chercher pour sa première séance.

David joue de la batterie dans l'entrée.

Sylvie est formelle : « Tu n'arriveras jamais à le faire se lever ! »

Je prends une bassine d'eau glacée.

J'entre dans la chambre où il dort et je le menace avec la bassine.

Nous allons ensemble à la salle. Pour soulever de la fonte. Nous nous entraînons dans une quasi-obscurité, sans ventilation, sans échauffement.

Johnny est écœuré, je soulève plus que lui au développé couché.

# VIII. J'affiche mon cul

L'année 1972 avait commencé par une télévision. A Bout Portant.

Au cours de l'interview traditionnelle, je dis avoir été seulement à mi-chemin de la provocation que je voulais faire. Je voulais détruire l'image de jeune virtuose qui me collait à la peau. C'était une bonne question, la réponse est toujours vraie.

Puis sort mon nouveau 45 tours,

« Holidays »/« La Mouche ». J'avais composé « La Mouche » à l'Alpe-d'Huez. Pourtant le rythme de ce morceau est presque brésilien.

Par quel mystère l'inspiration m'en était-elle venue dans la neige ? Je n'ai jamais compris. Même combat pour « LNA HO » au rythme tropical créé une journée de pluie en Seine-Et-Morne.

Dans la foulée, Disques AZ sort un second volume de tubes, le disque d'or Volume 2.

Puis je commence à tourner avec le groupe rock français Dynastie Crisis.

Pour être franc, je garde un souvenir des plus vagues de cette époque. Ce sont mes années d'esclavage, je les traverse dans un état un peu second. Jusqu'à la fameuse affaire de l'affiche à scandale, dont je reste très heureux, finalement. J'ai fait le tour du monde, dans bien des endroits, comme Hong Kong, l'affiche scandaleuse m'avait précédé. Dans certains pays, on connaît mon cul mieux que ma musique.

Mon cul est célèbre, on en a parlé dans les magazines du monde entier.

Exposer un cul de femme aurait peut-être créé moins de problèmes.

Photographier le mien fait l'objet d'un immense scandale.

Le cul d'un mec sur tous les murs, ça dérange.

A travers cette expérience, riche en courbes et rebondissements, j'allais découvrir un secret. Les femmes regardent les fesses des mecs, exactement comme les mecs regardent celles des femmes.

Et, découverte, un joli cul les attire.

En contrepartie de cette révélation, j'ai de longues conversations avec le préfet de police de Paris, Louis Amade, malheureusement grand ami de mon père, qui veut savoir si mon affiche est un message crypté se moquant de la communauté homosexuelle...

Mon message n'avait rien à voir.

Je désirais seulement attirer l'attention sur mon spectacle de l'Olympia, Polnarévolution.

On peut écrire que j'ai réussi au-delà de toute espérance. Pour moi, cette affaire était une vraie grande farce qui fut perçue par la Justice comme un outrage aux mœurs...

Au quotidien, le chemin de la provocation est une surenchère dans laquelle un artiste peut se retrouver grand perdant.

En revanche, bousculer l'ordre établi pour faire avancer les choses et sans que ça nuise aux autres, ce n'est pas désagréable...

Le jour où l'affiche est posée, je me poste en embuscade, caché avec des amis dans ma voiture, au coin des Champs-Elysées, non loin du Drugstore.

Les colleurs arrivent... Ils commencent leur tâche.

Lorsqu'ils arrivent au quatrième lé, nous voyons le balai à colle ralentir.

Et le colleur éberlué s'immobilise.

Fou rire dans la voiture.

Puis les premiers badauds arrivent.

L'événement était proche du colossal.

L'amende du tribunal le fut également.

L'idée était de moi. Entièrement.

Certes, quand l'affiche est sortie, j'avais bien vu dans un coin le nom de mon attaché de presse.

C'était imprimé, « Création Gilles Paquet ».

Après investigation, il apparut que cette mention lui faisait plaisir.

Au procès, Gilles Paquet n'avait soudain plus rien à voir avec toute cette histoire.

De même, Tony Frank, le photographe de l'affiche, affirme presque au tribunal avoir été « forcé » d'appuyer sur le déclencheur pour prendre le cliché.

J'avais commencé la séance de façon moins choquante, moulé dans un pantalon signé Philippe Salvet, fendu au derrière. Très vite, il m'apparut superflu. Je l'enlève.

Ma compagne de l'époque, la belle Charlotte, était allée à la Belle Jardinière acheter le chapeau de mariée et les fruits en bois coloré.

Le tout me paraissait une bonne blague style Bal des quat'zarts.

Mon père se considérera, il me le dira, « déshonoré ».

Il faut vraiment du courage pour faire ce Métier.

Je me retrouve au tribunal correctionnel. On me condamne avec sursis pour attentat à la pudeur.

Le juge m'avait entrouvert une porte de sortie.

Il me laissait entendre que si la photo était un montage, à partir d'un fessier féminin, l'accusation tombait.

J'ai confirmé qu'il n'y avait eu ni collage, ni trucage.

Ces fesses étaient bel et bien les miennes.

Mon cul.

Condamné à 120 000 francs d'amende !

Je renchéris avec un nouveau poster photographié par Tana Kaleya, la fameuse affiche frontale du même chapeau tenant tout seul grâce aux efforts consistants de sa jolie assistante.

Bien que plus osée que la première, cette affiche est inattaquable.

Vers la même époque je rencontre la géniale Léonor Fini qui fait des esquisses de moi au milieu de ses millions de chats.

Elle voulait absolument que je rentre à poil sur scène, histoire de ne pas me prendre une veste, probablement, et que je fasse une sorte de strip-tease à l'envers.

J'entreprends l'enregistrement d'un nouveau 45 tours, « On ira tous au Paradis ». Une chanson ne devient populaire que si tout le monde la reprend en chœur. Dans ce cas précis, j'allais anticiper.

Je demande à mon ami et présentateur Hubert Wayaffe de faire une annonce en direct sur Europe N° 1 et de demander aux auditeurs de venir chanter avec moi.

Beaucoup arrivent au studio Davout.

Ils s'installent, adorables, discrets, tout à fait heureux d'être là, dans ce studio immense, ancien cinéma.

Nous avons sorti les paroles, j'ai chanté la chanson que tout le monde a reprise en chœur.

A la fin de la séance, j'ai signé des autographes pour mes choristes d'un jour.

Il n'y avait là aucun chanteur professionnel.

A l'écoute, le sentiment d'une présence vivante se dégage encore de ce titre.

C'est comme ça qu'il a été enregistré, « live en studio ».

Le spectacle Polnarévolution à l'Olympia fut un triomphe. J'avais conçu ce spectacle avec Jacques Rouveyrollis.

Jacques était DJ dans un club de l'Alpe-d'Huez. Avec deux pauvres petits spots, il avait conçu un formidable spectacle lumineux. C'est là que je l'ai repéré. Je l'ai emmené avec moi et en ai fait le concepteur de lumières totalement incontournable dans l'horizon français.

J'avais fait habiller Dynastie Crisis par Paco Rabanne.

Comme clin d'œil au scandale de l'affiche, Ulla Explosiva du Crazy, déguisée en moi, montre ses fesses au public.

Pompidou étant président, je fais entrer son sosie officiel.

« La Marseillaise » retentit, le public se lève et m'offre une ovation.

Salué par la critique comme révolutionnaire, Polnarévolution fut sans doute plus un régal pour l'œil que pour les oreilles, les Dynastie jouaient sur du matériel de plexiglas. Look superbe, mais son forcément un peu transparent...

Ma mère est dans la salle. Très malade, accompagnée par Annie Fargue, elle a tenu à assister à la première. Saisissant la main d'Annie, elle lui dit : « Occupez-vous de lui. C'est la dernière fois que je le vois. »

Quelque part, Annie a hérité de moi ce soir-là.

## IX. Made in Japan

Le 12 novembre 1972, je pars pour le Japon avec mes musiciens. Mon management insiste, me pousse au voyage, m'assurant que ma musique plaisait là-bas.

A l'arrivée, nous descendons l'échelle pour fouler le tarmac de Tokyo.

Je vois et entends des milliers de fans déchaînés.

Quelqu'un de connu arrive aujourd'hui ?

En fait, à mon ignorance totale, je suis déjà une superstar au Japon et ces fans déchaînés sont là pour moi.

A la différence des tournées françaises, les tournées au Japon sont extrêmement organisées. Presque trop... Dès huit heures du matin, l'assistant personnel du promoteur vient cogner à la porte pour s'assurer que l'artiste sera prêt à faire la répétition à midi précisément.

Mon séjour vire à la folie. On me course, on m'acclame, on me célèbre... Je donne trois concerts avec Dynastie Crisis. A mon insu, les Japonais enregistrent celui du 20 novembre au Koseinenkin Hall de Tokyo. Ce disque piraté représente l'un des rares témoignages du show Polnareff 1972. Je termine mon spectacle par un medley rock'n'roll à base de vieux standards de Little Richard et Jerry Lee Lewis. Les pionniers du rock'n'roll. Ma culture musicale préférée.

Dans la salle, plus un siège sec.

A mon retour, je pars travailler en Tunisie, à Nefta. C'est là que vient me retrouver un nouveau parolier, Pierre Grosz. Ensemble nous écrivons de très belles chansons, comme « Le Prince en Otage » ou « L'homme qui pleurait des larmes de Verre. »

Je suis venu à la Tunisie par amour du désert.

Moi qui déteste les villes, je n'aime que les déserts ou les océans.

Le Sahara Palace devient mon quartier général.

Stanley Donen tourne « Le petit Prince » de Saint-Exupéry en face de l'hôtel. C'est là que, quelques années plus tard, George Lucas viendra tourner une partie de la « Guerre des Etoiles ».

Pendant le tournage, je joue au tennis avec la femme de Stanley, Yvette Mimieux.

La température avoisine les 45° C.

Le merveilleux Bob Fosse teste pour moi la Danse du Serpent.

Mais le tournage s'achève.

Mes nouveaux amis s'en vont et très vite, je m'ennuie ferme.

Appelant Alain Bernardin, le patron du Crazy Horse, je lui demande de libérer mon amie strip-teaseuse de l'époque. Elle a des cheveux très longs. Elle m'éblouit quand elle monte nue sur un cheval qu'elle fait galoper sur toute l'esplanade devant l'hôtel dont les occupants restent éberlués par cette vision d'amazone.

Petit à petit, Lady Godiva me passionne moins. A nouveau je m'embête ferme. Un jour, au bar désespérément désertique, je découvre, tel un mirage, une sublime gazelle, Aïda, Miss Tunisie, malheureusement fiancée au manager de l'hôtel.

Sentant que quelque chose de fort se passe entre elle et moi, je vais le voir et lui explique mon intérêt pour elle.

Lui m'expose le sérieux de ses sentiments. Je décide de laisser tomber, puis le surprends occupé avec une touriste dans une chambre.

Nous sentant trompés tous les deux, nous tombons dans les bras l'un de l'autre.

Fille des Mille et Une Nuits, Aïda allait rester assez longtemps avec moi, au moins un mois et demi.

Elle me rejoindra plus tard aux USA.

*TRIOMPHE ORPHELIN*

J'apprends que ma mère a un cancer généralisé. Jusqu'au bout, mon père m'a caché la gravité de la situation. Je suis détruit de chagrin et de colère. Je ne veux pas y croire. J'adorais cette femme dont je ne parle jamais. Je refuse d'y croire, ma mère ne peut pas mourir.

Je loue le Lear Jet d'Elizabeth Taylor.

Ensemble, ma mère et moi faisons le tour de l'Europe pour aller voir tous les plus grands spécialistes. Et partout c'est le même diagnostic, c'est trop tard, trop tard, trop tard.

La dernière fois où je verrai ma mère, c'est dans une clinique où elle s'éteint.

J'ouvre la porte de sa chambre, je vois une dame que je ne reconnais pas.

Pensant m'être trompé de chambre, je m'excuse. C'était pourtant elle, ma mère.

Reprenant mon souffle, je prends sur moi et lui demande sur un ton faussement léger comment elle va, sentant qu'elle cherchait dans mon expression à discerner le miroir de son état.

Ce fut la terrible disparition du seul membre de ma famille que j'aimais.

En règle générale, j'évite les enterrements. Je suis allé à celui de Lucien Morisse, à celui de ma grand-mère que j'ai vue deux fois vivante et une fois morte, pas à celui de ma mère, ni de mon père.

Quand mon père est mort, j'ai pourtant beaucoup pleuré. Je ne comprenais pas pourquoi. Je sanglotais. Peut-être parce que je perdais un repère ?

Seul point positif, vivant, la ceinture à la main, il aurait voulu corriger ce livre.

Nous nous étions vaguement réconciliés. Etait-il nécessaire de les voir morts ? Je ne le crois pas.

De même, les images de ma mère malade, souffrante, se sont-elles estompées au profit de celles des jours heureux trop peu nombreux, qui restent toujours aussi claires, aussi fraîches.

Très croyante, ma mère allait brûler des cierges à Notre-Dame et pourtant, cette dame si pieuse est morte d'un cancer, traversant des périodes de souffrance épouvantable. De ce jour date mon problème avec Dieu.

A part ça, on ira tous au Paradis. Pourquoi pas moi ?

Quoi qu'il en soit, si Dieu existe, cela doit faire bien longtemps qu'il a mis un masque pour dormir et des boules Quies pour ne rien entendre.

A part les coupables, qui a besoin d'aller à la messe ?

Il faut vraiment avoir beaucoup à se reprocher pour se lever si tôt le dimanche.

Ma mère était très heureuse de mon succès. Sans rien me dire, jamais, elle avait su me montrer sa fierté avec sa discrétion coutumière. Nous étions proches et en totale communion.

Je n'ai jamais su l'âge de ma mère, cette très belle femme gâchée par la maladie.

Pour elle, demander à quelqu'un son âge était d'un irrespect total.

Du coup, je n'ai jamais connu l'âge de mon père non plus.

Pour moi l'argent est un train, pas une

gare. Pour mon père c'était exactement l'inverse. Mon père ne fumait pas, ne buvait pas, prenait sa Valériane à dix-huit heures, dormait à vingt et une. Il s'est levé chaque jour de sa vie à la même heure pour faire rien. C'était son occupation. Compositeur, musicien et ensuite éditeur, mon père aurait pu s'amuser.

Vis-à-vis de la carrière de chanteur de son fils, mon père a toujours été d'une ambivalence totale.

Lorsque je fais ma fameuse affiche à scandale, mon père m'agonit d'insultes au téléphone : « Que nous as-tu fait ? De quoi ai-je l'air ? »

Si, par contre, la presse m'oublie quelques semaines, il m'appelle pour se lamenter : « On ne parle plus de toi, pourquoi ? Tu es fini... » Avec lui, je n'ai jamais eu raison, dans aucun domaine.

Après sa mort, je suis retourné dans l'appartement de mon enfance, rue Oberkampf. Stupéfait, je me suis demandé comment j'avais pu vivre là. Depuis mon départ, rien n'avait changé. Au fond d'une armoire, mon secrétaire a découvert une grosse boîte de carton où mon père conservait des centaines d'articles sur moi, soigneusement découpés, rangés par ordre chronologique.

L'ambivalence, toujours.

En rentrant du Japon, Jean-Michel Boris (né à Nérac, comme moi), ambassadeur de l'Olympia en mission pour Bruno Coquatrix, m'avait convaincu de faire un spectacle entièrement à base de nouvelles chansons. J'hésitais. L'idée me paraissait par éclairs formidable, le plus souvent totalement idiote. Finalement, j'accepte. Après le fameux Polnarévolution, j'étais obligé d'arriver avec un spectacle énorme, solide. En fait, souffrant d'un trac épouvantable, c'est avec une heure et demie de retard que je débarque sur scène. Pourtant, c'est toujours pareil. Au moment de monter sur scène, je rêve d'un lit de grand-mère avec des draps râpeux sentant bon la lavande. Vision fantasmatique pour quelqu'un qui a horreur de se coucher tôt.

Tel que claironné et annoncé dans les médias, je n'ai donc chanté ce soir-là que des chansons nouvelles et aucune des anciennes. Dans la salle, sous mes yeux, le public écoutait avec désespoir des titres inconnus dont il n'avait rien à foutre. De titre en titre, on s'approchait du bide total.

Le rideau tombe, indifférence générale.

Revenant des coulisses au pas de course, je rappelle mon public, je m'assois au piano.

Je joue deux heures de succès et transforme cette soirée en triomphe.

Malheureusement, la majorité des journalistes étaient partis boucler leur compte rendu avant le rappel...

Leurs critiques du lendemain sont accablantes et injustes.

Des années plus tard, j'ai compris ce qu'avait éprouvé le public ce soir-là quand je suis allé voir Elvis à l'Hilton de Vegas.

J'attendais « Don't be Cruel », « Jailhouse Rock » « Hound Dog », bref, toutes ces chansons qui m'avaient fait rêver pendant tant d'années.

Et toutes ces chansons inédites me laissaient complètement froid.

*ON THE ROAD (AGAIN)*

Et je repars pour le Japon.

De nouveau, dès Narita Airport, je suis accueilli par des hordes de fans et les télévisions. Nous enregistrons pour NHK un concert avec une formation classique venue de France.

Le concert d'Hiroshima est resté très clair dans ma mémoire. Dans la grande courbe avant la ville, on voit du Bullet Train un reste de clocher, un pan de mur. L'après-midi, avec mes musiciens et Shu-fi ma tahitienne, nous marchons dans la ville. Nous sommes suivis pas à pas par une bande de petites filles.

Elles expliquent à l'interprète que c'est parce que nous rions.

Ce soir-là, sur scène, je me sens très mal à l'aise.

Soudain, chanter là, à Hiroshima, me semble dérisoire.

J'avais déjà eu des crises d'angoisse sur scène, que j'avais toujours réussi à maîtriser.

Mais là, au bout de quatre chansons, je suis secoué de spasmes.

Incapable de poursuivre le spectacle, je sors brusquement de scène.

Et je rentre à l'hôtel, persuadé que ma carrière japonaise s'arrête là.

Le lendemain, dans une conférence de presse, j'explique que j'avais été submergé par l'atroce tragédie qui avait frappé la ville, au point de ne pouvoir terminer mon concert. Incroyablement, ces aveux me rendent encore plus populaire. Aucun des spectateurs ne demandera remboursement de son billet.

Je souffre. Il me semble que l'addition de l'ensemble est colossale. Au retour, je donne mon dernier concert avec Dynastie Crisis au Festival de Carthage, en Tunisie.

Adieu Dynastie Crisis !

Souvenir d'un orchestre composé de bons musiciens. Il y avait Jacquy Chalard, personnage inquiet, terrorisé par les voyages en avion. Mais capable, une fois sur scène, en cas de problèmes de sécurité, d'utiliser sa basse comme une arme de défense. C'est là que j'ai compris qu'il savait vraiment se servir de son instrument.

Dynastie était un excellent groupe. J'aimais bien le guitariste, Jacques Mercier, amateur de rhythm and blues.

Il faisait des efforts pour s'adapter à ma musique de l'époque.

Le batteur, Geza Fenzl, couvert de haillons, des tubes sortant de partout, jouait de la batterie avec la bouche ! Il faisait littéralement du bouche à bouche à sa batterie. En soufflant dans les toms, il tendait les peaux de ses fûts. Les détendait, les retendait.

C'était spectaculaire, et très physique. Magnifique à voir.

Les Dynastie Crisis étaient très à l'aise dans leur musique et je les laissais faire l'ouverture de tous mes spectacles.

Je garde d'eux un excellent souvenir.

# X. L'arnaque

C'est un livre entier que je pourrais écrire sur l'escroquerie, vue de l'autre côté.

En 1972, j'avais donné un pouvoir à un personnage nommé Bernard Seneau.

Chargé de régir mes finances, il avait à travers ce pouvoir le droit de faire des chèques pour gérer ma comptabilité. Quand mon compte était à sec, Bernard Seneau avait une réponse toute prête, je ne me rendais pas compte de ce que je dépensais !

De plus en plus méfiant à son égard, je me mets à surveiller ses carnets de chèques.

Je n'y trouvais que des dépenses dérisoires et pourtant, mon compte se vidait.

En effet, Seneau allait régulièrement chercher du liquide à la banque Rothschild.

Son prétexte était toujours le même, il avait oublié le carnet de chèques du compte Polnareff à la maison. On lui établissait donc des chèques omnibus.

Ce que j'ai appris beaucoup plus tard, quand mon avocat Raymond Illouz m'en apporta les doubles en Amérique.

C'est ainsi que Bernard Seneau a siphonné tous mes comptes.

Il détournait également l'argent de mes impôts.

Je signais mes déclarations et les lui remettais.

Lui ne les envoyait pas, par contre il n'oubliait pas de ponctionner mon compte de la somme due au fisc.

Je me retrouve au tribunal pour non-déclaration d'impôts.

J'avais été volé deux fois. On m'avait pris mon argent une première fois et je le devais encore au fisc.

Je trouve qu'il est injuste de dire que quand on est dans la merde, tout le monde vous abandonne.

Dans les moments les plus difficiles, l'Administration des Impôts ne m'a jamais laissé tomber.

En août 1973, je me découvre escroqué et ruiné.

Bernard Seneau m'avait été présenté par mon fidèle garde du corps, Jean-Claude Albert. Jusqu'à aujourd'hui, je ne parviens pas à en vouloir à Jean-Claude. A lui seul, il m'a sorti d'un terrible chaos mental.

Jean-Claude Albert m'avait converti au sport, notamment au karaté.

Pendant plus d'un an, il s'occupera de moi avec une fidélité exceptionnelle, me réveillant à sept heures du matin, m'emmenant à la salle, m'aidant à me débarrasser des derniers médicaments qu'on me donnait.

J'aurais adoré être sportif de haut niveau.

Par malheur, Jean-Claude apportait également dans ses bagages le dénommé Bernard Seneau, danger venu d'Angers.

Dès notre première rencontre dans un petit salon de l'hôtel Hôtel, chez mon regretté ami Guy Louis du Boucheron, rue des Beaux-Arts, malgré l'insistance de Jean-Claude, j'avais eu une première impression désastreuse.

Jean-Claude insiste et m'accuse de paranoïa. Grande dispute.

Nous en sommes presque venus aux mains.

Quand on est seul à avoir raison, on a tort.

Le jour où j'ai découvert le pot-aux-roses, j'ai été, quelque part, heureux de me rendre compte que mon instinct, au moins, avait été bon depuis le début.

Même si cela me coûtait une somme colossale, des années d'exil, mon flair était intact.

Mon homme d'affaires était bien l'escroc que j'avais soupçonné à juste titre.

J'ai donc pu dire à Jean-Claude Albert un triomphal : « Alors ? »

Il m'a coûté cher, ce petit mot.

Il m'a coûté vingt ans de ma vie, et il me coûte encore.

Cette leçon a un prix, insupportable.

Il ne me reste plus qu'à m'exiler à l'étranger car, pour couronner le tout, l'Administration se pose des questions à mon sujet.

C'est la grosse goutte d'eau qui fait déborder le petit vase !

Un départ obligatoire, victime d'une énorme escroquerie qui me laisse sans un centime.

L'Administration mettra plus de vingt ans pour reconnaître mon innocence.

*EXIL OBLIGATOIRE*

Me voilà donc parti pour les Etats-Unis. A l'époque de mes premiers tubes, déjà, je rêvais de faire une croisière sur le France. Je m'étais donc offert deux billets pour New York. Devant l'injustice de mon sort, je monte à bord du prestigieux paquebot. Tout de suite, on me présente le livre d'or. Juste au-dessous de la reine d'Angleterre, j'écris : « A partir de maintenant, France pour moi est un mot masculin » et je signe.

Grâce à mon billet, je loge dans la plus belle des cabines, la cabine Normandie. Effectuant la traversée sans un traître centime, ma situation est pour le moins étrange, je bois l'eau du lavabo et je dîne à la table du capitaine.

Dès mon arrivée à New York, Daniel Filipacchi m'a organisé un rendez-vous avec Ahmet Ertegun, président pour le monde des disques Atlantic. Ahmet me présente gentiment comme le Mick Jagger français. Il voit que ça m'agace. Alors, pour changer, il dit à ses interlocuteurs : « Michel Polnareff, le Elvis français. » Il aime bien les belles gonzesses, moi aussi. Ce jour-là, Ahmet me regarde à peine. Il parle vélo, braquet, dérailleur, bicyclette avec Daniel Filipacchi. Il est évident qu'un Elvis Jagger français ne l'intéresse pas.

Je m'en vais. Daniel est consterné. Je m'envole pour Los Angeles où mon amie

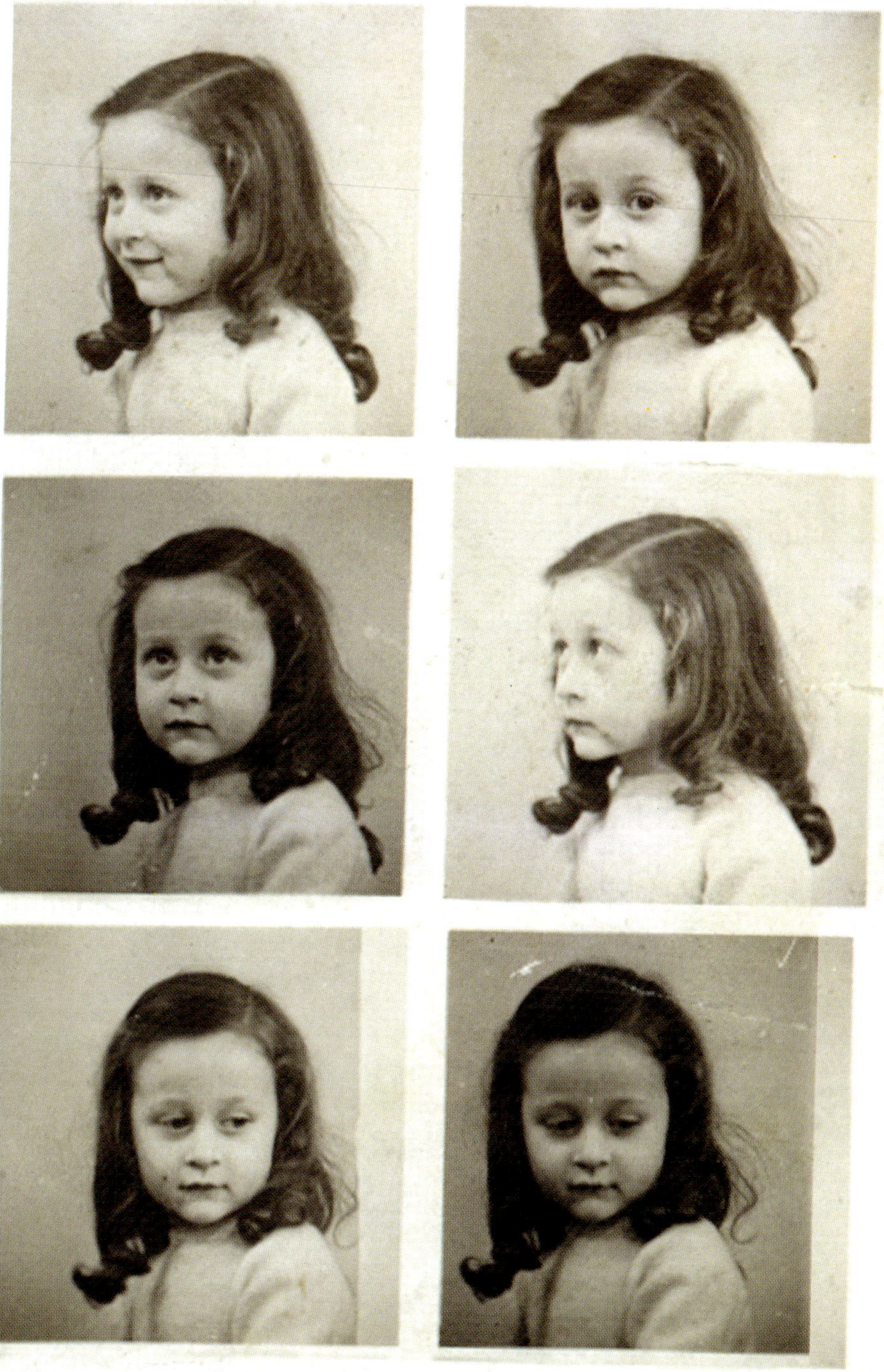

Moi, entre deux et quatre...

... avec la Panhard paternelle et un chien affectueux.

Collège des Oratoriens, Juilly.

Joyeux anniversaire, Gérard ! De gauche à droite : Gérard Woog, Margaret, moi et Nora.

Photo P. Bertrand / Rancurel

Sur les marches du Sacré-Cœur, 1966.

Photo P. Bertrand / Rancurel

Avec mon hamster, Véronique II.

Photo DR

A la une du numéro un de Rock&Folk, 1966

Who's that guy ?

Photo Rue des Archives

Avec Antoine

Photo Rue des Archives

Avec Bruno Coquatrix

Photo Archives Filipacchi

Avec Mike Brant

Photo Rue des Archives

Avec Juliette Gréco

Photo Rue des Archives

Avec Lucien Morisse, des Disques AZ

Photo Rue des Archives

Avec Claude François

Photo Rue des Archives

Avec Jean-Louis Barrault et Madeleine Renaud

Photo Rue des Archives

Avec Françoise Hardy

Photo Rue des Archives

Avec Catherine Deneuve

Photo Lecoeuvre Photothèque

Avec Eddy Mitchell

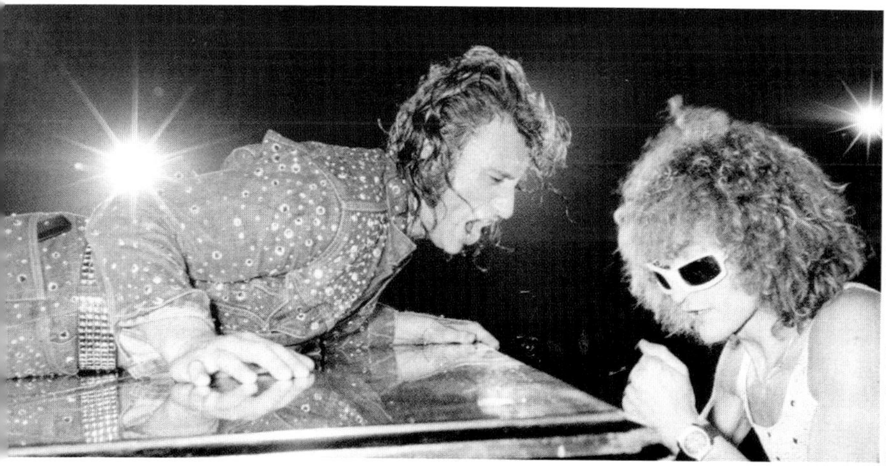

Photo Tony Frank / Lecoeuvre Photothèque

Avec Johnny

Photo Tony Frank / Lecoeuvre Photothèque

L'Affiche : chapeau bas !

Photo Archives Filipacchi

Ceinture blanche à la conquête de la noire.

Photo Archives Filipacchi

A la sortie du Palais de Justice, reconnu enfin innocent.

Au Hameau La Fontaine.

Photo Chatelain / Lecœuvre Photothèque

"I Love You Because" édition Japon, 1974.

Photo Lecoeuvre Photothèque

Tokyo, 1975. Devant les élèves du Oyama Dojo, de g à dr : Ed Parker, (qui avait découvert Bruce Lee en 1964), créateur du Kempo Karaté américain et garde du corps d'Elvis devenu le mien, Michel (c'est moi), Sosai Masutatsu Oyama, fondateur de la méthode Kyokushinkai, célèbre pour pouvoir tuer des taureaux d'un seul coup de poing et qui me remettra ma ceinture noire honorifique, Annie Fargue.

Japon, 1975.

Photo Archives Atlantic

Signature du contrat Atlantic, Beverly Hills Hotel, 1974. Au premier plan de g à dr : Nesuhi Ertegun, Président de WEA International, Annie Fargue, moi et Jerry Greenberg, Président d'Atlantic. Au centre derrière le bar : Ahmet Ertegun, Chairman de WEA.

Photo Archives Filipacchi

Les musiciens du Concert de Forest National à Bruxelles, 1975. De dos : David Foster (claviers), Lee Ritenour (guitare), Lee Sklar (basse), Michel.

Bronzé, libre et alerte à Malibu, 1976.

Photo Pariente

Seine-et-Marne, 1988.

Photo Gilbert Moreau / Lecoeuvre Photothèque

Hôtel Royal Monceau, 1990.

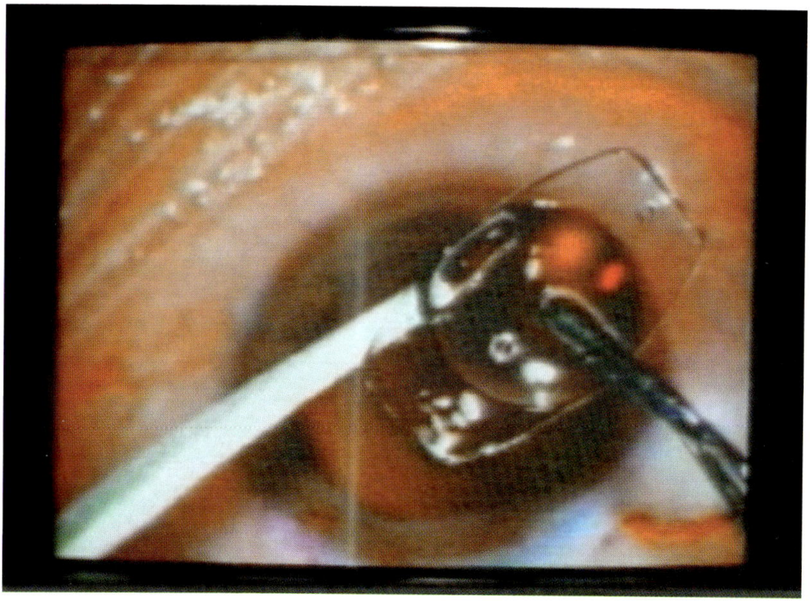

Vue extérieure de ma peur intérieure : opération de l'œil droit par phacoémulsification,
broyage du cristallin par une incision de 3,2mm,
Clinique Geoffroy Saint-Hilaire, 17 octobre 1994, 11h du matin.

Photo Melloul / Lecoeuvre Photothèque

Avec Michel Denisot pendant le tournage de "Rendez-vous à ZZYZX rd" (Canal+, 1996)

*"On n'est jamais mieux pris que par soi-même."*

Polnaréflections, 2004.
Polnareff par Polnareff.

Annie Fargue, apprenant cette mésaventure, m'obtient une nouvelle entrevue avec le président vélocipédique après lui avoir fait écouter ma musique.

Une cassette circule. Robert Stigwood, producteur des Bee Gees, Eric Clapton, et plus tard de « La Fièvre du Samedi Soir », propose à Annie de doubler l'offre d'Ahmet pour me signer.

Découvrant l'offre de Robert Stigwood, Ahmet demande à Annie de lui organiser un déjeuner avec moi au Beverly Hills Hotel pour, lui dit-il, tripler sa proposition initiale. J'y vais avec ma copine Aïda qui m'a rejoint aux États-Unis. Au vu de sa beauté, Ahmet me propose le contrat que je veux. Je refuse, évidemment.

Reparti sur des bases moins romantiques et plus professionnelles, Annie me fait signer avec Atlantic, maison de disques des Led Zeppelin et des Rolling Stones, mais aussi d'Aretha Franklin et Otis Redding.

Je deviendrai le premier chanteur français à signer un contrat américain et me retrouve dans la classe de Bette Midler, Average

White Band, Manhattan Transfer, Rod Stewart.

Encore abattu par la disparition de ma mère, je survole le mixage de mon disque « Polnarêve » qui paraît en 1974, et sur lequel on trouve « Le Prince en Otage », « I Love you Because », « Tibili », « l'Homme Qui pleurait des larmes de Verre ». Je ne fais aucune promotion pour ce disque paru en France sous étiquette Atlantic.

Mon exil commence là.

On est de grands amoureux de la France, c'est pour cela qu'on la quitte. Sans doute ai-je bien fait de partir.

Escroqué et soupçonné, c'en est trop !

Et puis c'est l'occasion de découvrir les États-Unis en profondeur.

Dès mon arrivée à Los Angeles, je visite des villas. J'ai un petit budget. Un jour, je tombe sur une superbe villa. Une maison immense, sans doute la plus belle. Et pourtant elle est deux fois moins chère que les autres. Tout en arpentant les grandes pièces vides, je ressens de drôles de vibrations. Quelque chose d'inexplicable. En dépit du prix et du luxe, je ressens un malaise dans cette villa que je refuse. Plus tard, j'apprends que cette maison du 10 050 Cielo Drive, n'est autre que celle où les tueurs de Charles Manson ont assassiné Sharon Tate et ses proches.

A Los Angeles, cette ville sans piétons, je longe les murs de l'intérieur de ma maison. Reste trois mois cloîtré, sans sortir de ma villa de Beverly Hills. Un passage extrêmement difficile, à peine égayé par la présence de ma nouvelle copine Linda Carter, déjà Miss Univers et pas encore Wonder Woman.

Je fais venir ma Rolls à Los Angeles, et là encore, déconfiture totale. Bernard Seneau l'avait achetée en leasing.

Ma propre voiture n'étant pas à moi, et en fait ne l'ayant jamais été, je dois la faire rapatrier en France, me retrouvant kidnappeur de ma Rolls vieux rose métallisé.

A la fin des années 70, je retrouverai la trace de Bernard Seneau. On me signale qu'il habite en Amérique, dans les environs de New York. Il tient un restaurant.

Ne faisant ni une ni deux, j'achète un fusil de chasse. Une lunette de visée. Je prends la route avec un ami.

Mon intention est claire, je vais le descendre, cet escroc.

Soudain, une vision, « Michel, cet homme t'a déjà fait tant de mal... Tu vas passer le reste de tes jours derrière les barreaux... Pour lui avoir réglé son compte ? » Je fais demi-tour. Je rentre chez moi, un peu comme dans cette scène du « Voyage au bout de l'enfer », quand Robert de Niro tient un chevreuil au bout du viseur. Il n'a qu'à appuyer sur la détente, il choisit de ne pas le faire, pour lui la bête est déjà morte.

J'avais l'escroc au bout de ma lunette, et je n'ai pas tiré.

Quelque part je me suis débarrassé de lui.

### *L.A. BLUES*

Seul à Los Angeles, je retrouve Annie Fargue. Après notre première rencontre l'été de « Hair » elle avait enchaîné avec toutes les fameuses comédies musicales, « O Calcutta », « Godspel », « Jésus-Christ Superstar »... Avant de littéralement m'aider à revenir. Annie me conseillait sur ma carrière et nous vivions ensemble, bientôt rejoints par sa fille Leslie pour qui je deviendrai une sorte de père improvisé. Annie disait « Michel et moi avons la même passion, lui ». Ce que le métier du disque a essayé de nous faire est assez inénarrable. Un artiste et son manager vivant en couple ?

Si la femme défend l'artiste en tant que manager, on sera prompt à voir en elle une femelle qui fait chier tout le monde parce que c'est son mec. C'est une situation extrêmement difficile à gérer. Plusieurs fois nous nous sommes séparés avant de revenir l'un vers l'autre. Notre relation devenait tumultueuse à cause de mes envies sexuelles d'à côté. L'affaire fut compliquée et difficile. A chacune de nos discordes, maisons de disques et éditeurs essayaient d'en profiter. Mais les liens affectifs sont restés.

Aujourd'hui encore, nous travaillons ensemble.

J'ai plusieurs fois essayé de mettre un terme à cette relation professionnelle. A chaque nouveau manager censé la remplacer, je l'appelais : « Tu trouves normal, ceci et cela ? » Et je suis toujours revenu. Annie est d'une honnêteté profonde et d'une fidélité sans égale, pour le meilleur et pour le pire. Suis-je manageable ? Mon parcours est singulier. Ma carrière ne va pas tout droit, la perfection étant ma date-butoir.

Envers et contre mon avis, il y a neuf ans, Annie a réussi à récupérer la plupart de mes chansons lors d'un procès qui fit grand bruit dans le Métier. Je me suis littéralement bagarré avec elle. Je trouvais invraisemblable de devenir un procédurier. C'était contre tous mes principes.

Ayant découvert d'énormes escroqueries comptables éditoriales, Annie s'est fâchée. Elle trouvait amoral que je ne veuille pas récupéter au moins la propriété de mes chansons. Au nom de la justice, pas au nom de la finance. Nous avons gagné. Et là, soudain, j'ai compris que ces éditeurs m'avaient volé vingt ans de ma vie.

Faisant jurisprudence, cette victoire au tribunal a permis à Ferré et Dabadie, entre autres, de récupérer leurs catalogues.

En 1975, je retourne au Japon pour une troisième tournée, avec un groupe anglais. Trois semaines au pays des samouraïs. J'aime bien chanter au Japon. Cette fois, je joue devant un total de cent vingt mille spectateurs, passant notamment dans le temple du rock et du judo, Budokan, à guichets fermés. Mes spectacles ont lieu entre des tournées de Cheap Trick et d'Aerosmith. C'est Chip Monck, de Woodstock et des tournées des Rolling Stones qui conçoit le décor.

Tournée inoubliable et inoubliée.

Nous passons trois semaines au Japon. Un soir, je donne mon concert sans mon groupe qui, effaré de notre succès, réclame une augmentation au promoteur. Lequel refuse.

Ce soir-là, c'est seul que j'arrive sur scène.

Seul que je me dirige vers mon micro.

Mot à mot, un interprète traduit mes paroles, « Voilà... mes musiciens sont dans la salle. Ils voulaient assister à mon spectacle ». Grondement, fureur. On veut lyncher mes Anglais !

« Ne vous inquiétez pas, je vais faire le spectacle quand même ». Ce que je fais. Ils me voient, entendent ma voix... Je leur fais deux heures de spectacle ininterrompu tout seul au piano. Les Japonais sont fous de joie. Et le lendemain, les Anglais sont de retour sur scène.

## *SOLITUDE DU CRÉATEUR DE SONS*

La création est quelque chose d'incompréhensible. On ne sait pas du tout comment ça se passe. Pour moi, l'expression créatrice est un processus excessivement douloureux. Excessivement, j'insiste. Comment expliquer cela ? Je donnerai ici l'exemple de la perle. On reste dans le sujet car une belle œuvre est parfois qualifiée de véritable petite perle. Comment fabrique-t-on une perle ? On part d'une poussière qui se met dans le corps d'une huître. Pour se défendre de cette poussière, l'huître met une substance autour, la nacre. Et la poussière devient une perle.

La Perle est la souffrance de l'huître.

Nous sommes en 1975. De retour du

Japon, je m'enferme pour enregistrer mon premier album en anglais, pour Atlantic Records.

La langue change, mais les sujets de chansons, les miens en tout cas, seront toujours l'Amour et l'Amitié. Et les grands sujets d'actualité ? J'adorerais écrire là-dessus. Mais la cadence de sortie de mes albums fait que je publierais sans doute l'année prochaine un titre dénonçant la Saint-Barthélemy. Alors l'amour, sujet rebattu, oui. Comment écrire la dix-millionième chanson d'amour ?

J'écris un titre intitulé « Jesus for Tonite » : « *Je ne peux pas marcher sur l'eau /Je ne peux pas changer l'eau en vin /Mais laisse-moi être ton Jésus ce soir.* » Une idée qui sonnait encore mieux en anglais. La chanson a très bien démarré en radio. Jusqu'à ce qu'une station de Miami soit contactée par une secte de Floride... Un peu comme dans le cas de « L'Amour avec Toi » en France, en 1967, tout recommençait de l'autre côté de l'Atlantique sept ans plus tard, polémiques, protestations, interdictions, etc.

Seul chanteur français à apparaître dans

cette émission culte, je participe à American Bandstand, où je retrouve les Supremes, sans Diana.

Dick Clark, présentateur et producteur de l'émission, vient me voir dans ma loge et me demande pourquoi un mec aussi célèbre se prépare à refaire un tour de manège complet pour conquérir une Amérique qui n'a pas besoin de lui.

Me posant moi-même la question je n'ai pas de réponse.

Fraîchement arrivé de France, je me fais modeste.

Accueilli par les grands du show-business américain, Polnareff, énorme en France, n'est alors rien aux Etats-Unis. Je me sens obligé d'embaucher toutes les grandes pointures américaines, sans doute pour endormir mon insécurité. J'ai adoré travailler avec Lee Sklar, Willie Weeks, Lee Ritenour, Jim Gordon, David Foster *. Ils sont devenus des amis.

* Ont joué avec les Beatles, Eric Clapton, Steely Dan, James Taylor, Witney Houston.

Mais à l'époque, de fait, je me payais un sapin de Noël.

J'ai peut-être fait une erreur pour cet album.

Parfois, ces virtuoses hors pair se gênent entre eux ou se font trop de politesses. Prendre des pointures n'est pas forcément le pied.

Et dans la foulée, j'oublie que ceux qui achètent mes disques ont envie d'entendre Polnareff.

Pour avoir la plus belle voix possible, la plus claire, je stoppe les trois paquets par jour, j'arrête de fumer, net, du jour au lendemain.

Ensemble, nous enregistrons dans les meilleurs studios. Sunset Sound. Davlon. MGM. Trident. Olympic. Dunhill...

Juste avant de tourner le premier film des Blues Brothers avec John Belushi et Dan Aykroyd, Steve Cropper, le guitariste d'Otis Redding, co-auteur de fameux tubes dont « Sittin' on the dock of the Bay », « Knock on Wood » ou « In the midnight Hour », débarque pour deux ou trois séances. On s'est tellement bien entendus, c'est le cas de le dire, que le géant de Memphis restera trois semaines avec moi.

Rod Stewart, Elton John, Average White Band et moi sommes tous exilés à L.A. et tous fans de foot, en américain *soccer*.

Nous montons une équipe et chaque samedi, nous jouons sur le terrain d'entraînement des pompiers de L.A., sur Coldwater Canyon.

J'aurais rêvé d'être un grand avant-centre.

Mon football préféré de tous, c'est la première division anglaise.

Donnez-moi Manchester United contre Arsenal... On atteint au génie.

En cas de Coupe du Monde, après la France, je suis forcément supporter de l'équipe du Japon, « Tout Tout pour ma Chérie » étant leur hymne.

Mais un jour, j'aimerais qu'un pays d'Afrique gagne la Coupe du Monde.

## XI. Retour en force et en Belgique

Après la tournée triomphale du Japon, le 26 octobre 1975, à la demande de Roger Kreicher, RTL refait pour moi le fameux coup du Train spécial pour Bruxelles, inauguré deux ans auparavant pour les Rolling Stones. Keith Richards ne pouvait rentrer en France pour des histoires de drogue, Michel Polnareff pour des problèmes d'impôts. On amène donc les fans français au Forest National de Bruxelles, par trains spéciaux.

Bloqués par les douanes, les camions de sono, décors et éclairages n'arrivent pas.

Dans ces cas-là, une partie de tennis en double est une maquette par rapport aux renvois de balle des pseudo-responsables.

Roger Kreicher, de RTL, est désespéré, d'autant plus que Nesuhi Ertegun, vice-président d'Atlantic, et Daniel Filipacchi, président de WEA-Filipacchi Records, me proposent d'annuler...

Il n'en est pas question, pour le public qui n'est pas au courant de ce qui se passe en coulisses, c'est Polnareff qui ne chanterait pas.

L'Amérique m'avait transformé.

Revenant vers l'Europe, j'aurais eu le droit d'être en colère.

Remontant sur scène, j'avais le devoir de ne plus l'être.

Sautant sur un flic au premier rang, je lui pique son mégaphone. Et c'est ainsi que je ferai pratiquement tout le concert de mon grand come-back en chantant dans un porte-voix...

De plus, il était impensable pour moi de priver le public de ces retrouvailles. Il était venu en pèlerinage... Je me souviens de leurs hurlements : « A Paris, Michel, à Paris ! » Quoi que je chante, ils reprennent leur cri du cœur, « A Paris ! A Paris ! »

J'ai les meilleurs musiciens du monde soudés derrière moi. En découvrant le Forest National rempli par une foule déchaînée, ces pros américains sont impressionnés par ma popularité.

Affolé de voir ce que je représentais en Europe, Lee Sklar, qui avait joué avec les Beatles lors de leur première tournée américaine, a le trac.

Chacun son tour.

Certains journalistes ont été stupéfaits en découvrant ce qu'ils ont appelé « le nouveau Michel... ». D'autres n'ont pas apprécié les conditions techniques. Christophe Izard me fait porter le chapeau. Il critique acidement l'absence de la lumière et de la sono. Comble, il va jusqu'à critiquer certaines chansons que je n'avais pas chantées.

Pas grave. Cet événement relevait davantage de la scène de liesse populaire que du concert. Et en plus, j'adore chanter en Belgique.

## *LA CALIFORNIE APPORTE SES FRUITS*

Une orange ? C'est quelque chose que je trouvais dans mon assiette.

En Californie, je découvre que l'orange est un fruit qui pousse sur les arbres.

Je découvre un monde qui m'était jusque-là interdit et poussant tout seul mon caddie, la liberté d'aller acheter mes oranges au supermarché. Impossible de faire cela dans mon pays sous peine d'attroupement...

Un jour de 1981, je dois tourner un clip au Luxembourg pour « Tam-Tam ».

Ayant besoin de vêtements, je demande à ma copine Amanda Lear de m'accompagner au Forum des Halles pour m'aider dans mon choix. Elle insiste pour que nous prenions le métro.

A une station, une dizaine de policiers en uniforme rentrent dans le wagon, nous escortent dehors en nous disant qu'ils ne peuvent pas assurer notre sécurité et poliment nous suggèrent de prendre un taxi.

Me voilà donc interdit de métro.

J'ai connu plus grave.

Je mène une double-vie. Quand la célébrité et la reconnaissance du public me manquent, je prends l'avion pour Paris et ça recommence. Bain de popularité. Polnareff pour Paris et Michel en Californie. Important, Michel, dans ma vie. Merveilleux, la sensation d'être Monsieur Tout-le-Monde. Prodigieux de trouver le temps de me poser, de découvrir un mode de vie très sain. Je laisse tomber le karaté pour la musculation et prends une revanche sur la maigreur de mes dix-sept ans. Aujourd'hui, je continue et soulève des poids tous les matins.

Ma vie est un film plus souvent en noir et blanc qu'en couleurs, avec une suite de personnages différents, toujours moi.

J'ai été maigre, gros, je suis désormais

musclé. Et puis j'ai l'esprit de contradiction. Certains pensent qu'on ne me reverra pas sur scène. Ils se trompent...

*BANDE ORIGINALE*

Début 1976, Dino de Laurentiis me propose de travailler sur l'écriture de la BO du film « Lipstick », avec Margaux Hemingway. Ecrire une musique de film aux États-Unis est une frustration terrible.

Le réalisateur donne au compositeur des scènes nécessitant un accompagnement. On s'angoisse, on travaille comme un fou, on ne trouve pas l'ambiance du tout. Puis on trouve... pour s'entendre annoncer que la scène vient d'être coupée à la demande du producteur.

Pour faciliter le tout, quand je travaillais sur « Lipstick », je devais imaginer la musique enregistrée par un fou de musique concrète. Un personnage inintéressant, pathétique. Pour l'occasion, il me fallut me dédoubler. Si j'enregistre pour ce rôle une musique nulle, c'est la mienne qui le devient ! J'ai fini par pondre un morceau d'impulsion sexuelle mais qui tenait néanmoins debout, « The Rapist ».

Après une projection privée à Hollywood devant un parterre de célébrités, le grand Lalo Schifrin, compositeur des thèmes de « Mission Impossible » et des « Incorruptibles », un de mes héros musicaux, vient me serrer la main et me dire qu'il ne savait pas qu'il y avait en France un musicien capable d'écrire pareille bande originale.

Cet épisode reste une de mes fiertés.

Depuis, pour moi, la musique de film est mission possible.

En pleine époque disco, le titre « Lipstick » fait un malheur, il devient numéro un des classements Dance.

J'avais découvert le disco au Studio 54 de New York.

J'adorais cette musique, le Hustle, le Boogaloo, le Jive, les groupes comme Chic, KC & The Sunshine Band... La nostalgie de cette époque bénie des danseurs est pour moi très forte. Cette musique, mouvement franco-allemand représenté par Village People, Donna Summer et Georgio Moroder, me séduisait totalement. Pour moi qui ne me suis jamais vraiment habitué à la célébrité, j'ai trouvé le disco formidable et adoré le succès de « Lipstick ».

Je me suis résigné à être célèbre. Je sais qu'il est de bon goût de dénigrer Madonna lorsqu'elle rejette le concept de célébrité. Pour l'avoir vue en public vivre des choses très dures, dans des clubs, je la comprends. Si c'était à refaire, je ne me montrerais pas.

Je serais simple compositeur.

Aujourd'hui, je n'ai plus le choix.

Je suis Michel Polnareff et je dois vivre avec.

Personne n'est jamais complètement normal avec quelqu'un de célèbre.

Bien sûr, au début, tout paraît génial. On vous reconnaît, on vous fête. Mais le jour où l'on aimerait que ça s'arrête... Impossible.

Le pire étant ceux qui vous veulent tel

qu'ils vous imaginent et ne vous acceptent pas tel que vous êtes. Alors que ce que vous est ce qui les a fait rêver au départ.

Comme tous les gens connus, j'ai eu des mésaventures avec des paparazzi.

Quand j'étais à la clinique, entre mes deux opérations des yeux, l'un d'entre eux m'a chopé, l'air d'une merde, avec une coquille sur l'œil... une photo abominable, qui m'a traumatisé. J'ai gueulé, gagné un procès. Pour être tout à fait franc, si personne n'en avait parlé nulle part, ça m'aurait choqué... Comment, j'ai failli devenir aveugle et tout le monde s'en fout ?

Il faut être honnête avec soi-même. Aucune célébrité qui se respecte ne se félicite que les paparazzi l'abandonnent.

Quand je suis à Paris, je ne sors que la nuit.

Les gens du monde de la nuit sont plus habitués à voir des artistes.

Quand « Lipstick » faisait un malheur à Los Angeles, j'allais de club privé en boîte disco. Mon titre passait dix fois dans la soirée. Chaque fois, c'était la ruée vers la piste et les stroboscopes. Assis au milieu, j'étais dans un rêve. Assister à mon triomphe, contempler mon succès sans être dérangé... Importuné... Reconnu. On danse sur la musique de Polnareff, Michel est heureux.

Un merveilleux souvenir, mais oui, il y en a.

## XII. Lettre à France

En 1977, je sors mon 45 tours « Lettre à France ». Mon pays me manque. J'ai envie de revenir, lavé de tout soupçon. Mais l'affaire se hâte avec lenteur. Lourde et tatillonne, l'administration m'oppose son énorme force d'inertie. Aurais-je été coupable, j'aurais adoré. Innocent, j'apprécie beaucoup moins. Le public me fait savoir qu'il me regrette. Je lui réponds par le biais de cette missive musicale.

Le 8 octobre 1978, je présente mon nouvel album dans Les Rendez-vous du Dimanche de Michel Drucker. Filmé dans l'avion qui m'amène de Londres, j'apparais dans le JT de treize heures.

Enregistré à Londres, Montreux, Londres à nouveau et finalement remixé à Los Angeles, « Coucou me Revoilou », est un mince souvenir.

J'ai eu un mal fou à faire ce disque, cela m'a pris toute une année.

Grand plaisir personnel, je demande à Jaco Pastorius par le biais de Michel Colombier de jouer sur le titre « Une simple Mélodie ».

Ça le met hors de lui que je lui demande à lui, le bassiste star de Weather Report et de Joni Mitchell, de recommencer cinq ou six fois sa partie.

En fait, je suis à la console ce jour-là et travaille sur un composite de toutes ces prises, une sorte de « best of » sur la durée de ma chanson.

Il m'avait demandé à l'époque de ne pas le créditer, vu ses obligations contractuelles.

Maintenant qu'il n'est plus, je peux en parler.

Je passe tellement de temps sur mes albums qu'à leur sortie, souvent, je ne les entends plus.

Le comble étant de se retrouver en train de chanter à la télévision de « nouvelles » chansons que j'entends personnellement pour la 300 millionième fois. Ce qui est nouveau pour le public est vieux pour moi.

Mes productions sont énormes.

Pour qu'elles sonnent facile et léger, il a souvent fallu un travail colossal.

Barry Kingston, qui avait collaboré à mes premiers disques, est de retour. Le titre « Coucou me Revoilou » s'impose comme une de mes meilleures trouvailles épistolaires.

Depuis, il alimente le langage politique.

De 1978 à 1981, je ne fais rien. C'est bon pour la santé. Je suis entre Los Angeles et le désert californien dans un paisible anonymat américain. Je suis sous contrat Atlantic pour encore six albums et déjà Ahmet Ertegun me réclame un nouveau disque. Je refuse. Les Américaines aimeront Michel au lieu de Polnareff. J'ai envie de me rapprocher de la France et de me retrouver à nouveau chez Disques AZ, un retour aux sources.

Les négociations orchestrées par Annie Fargue durent trois ans. Enfin libre, je pars pour Londres enregistrer l'album « Bulles ». « Bulles » s'est vendu à plus d'un million d'exemplaires. « Bulles », disque intéressant, a été conçu de nuit avec Hans Zimmer, qui s'est depuis spécialisé dans la musique de film. J'avais commencé l'album dans un studio expérimental pour l'époque, le Snake Ranch du fameux Trevor Horn, producteur de Grace Jones, Frankie Goes To Hollywood et des Buggles.

Nous sommes à l'aurore de l'ère digitale. Mais ce disque est mon album West Coast, sur un son FM, si représentatif de la musique californienne, à jamais symbolisée par Steely Dan ou Fleetwood Mac.

« Bulles » me remet en tête des hit-parades.

Dès cette époque, je me fixe un but,

remonter sur scène, mais avec un spectacle extraordinaire.

Récemment, beaucoup de gens ont œuvré dans cette direction, Prince, Madonna, Michael Jackson, les frères Wachowski, réalisateurs des films Matrix. Aujourd'hui, je me demande si l'extraordinaire ne serait pas un spectacle d'une totale sobriété. J'ai changé plusieurs fois d'avis là-dessus. Lors de mon show de Los Angeles qui allait donner l'album « Live at the Roxy », j'ai fait descendre mon piano dans la salle. Dans ce club, après tant d'années, le public avait envie de me toucher. Ou peut-être préférerait-il me voir comme un minuscule point dans un stade ? J'aimerais commencer par retrouver tout le monde en même temps. C'est vrai, on ne peut pas retrouver tout le monde tout le temps. Passer la ligne d'une manière nationale. On a bien mérité ça, le public et moi.

## XIII. Melod' Yeux

En mai 1981, ce n'est pas sans une certaine fierté que je vois ma vedette américaine devenir Président de la République française. Empli d'un légitime orgueil, j'étais ravi du changement, qui me semblait très important. J'aimais le discours de Mitterrand. J'aimais le poète, l'écrivain. Et puis j'étais content de voir la France heureuse, même si je n'étais pas là. La mort de Mitterrand a été un deuil presque familial pour moi.

Les artistes, ainsi que les athlètes désormais, ont une grande importance pour le public. Nous faisons ce qu'on attend de nous, nous faisons rêver. Tous les artistes ne me font pas fantasmer. Mais s'ils font rêver quelques personnes, ils méritent leur place au firmament des étoiles, même filantes.

Fin 1981, je termine l'année dans un show télé d'Yves Mourousi avec Diana Ross. J'aimais bien Yves, mais ce jour-là, il dépasse les bornes. Pour le réveillon, il voulait faire sortir un lapin d'un chapeau

Il lui fallut tant de temps pour mettre son numéro au point qu'il ne m'en restait plus pour faire répéter les musiciens, visiblement l'animal se sentait bien à l'intérieur...

Très vite, les années 80 allaient devenir les années clips. Laissant les animateurs perfectionner leurs tours de prestidigitation, les artistes soignent leur présentation dans de petits films promotionnels. Dans un premier temps, l'idée semble bonne. Ensuite, il devient impossible d'y échapper, à cause du succès de MTV et des chaînes musicales, il faut rapidement tourner une Polnavidéo.

J'aime les instrumentaux, la musique par elle-même me suffit.

De par ma formation classique, il me sera toujours plus facile d'écrire un opéra qu'une chanson, on a tout le temps de développer thèmes, des rythmes, des mélopées.Tout concentrer entre trois et cinq minutes pour écrire ce que Brian Wilson appelait « une symphonie de poche », là est la difficulté.

« Voyages » sur l'album « Polnareff's » est un instrumental.

La basse claque, les cuivres retentissent. Vous plaquez les émotions que vous voulez sur la musique. Vous pouvez choisir une couleur, une interprétation. Dès qu'on rajoute des paroles, on impose à l'auditeur le cheminement d'une seule vision, celle du créateur. Les chansons sont pour moi un vrai Art majeur.

J'ai réussi à contourner l'infernale notion du tournage juste après l'enregistrement en concevant des clips où je ne me montrais pas. George Michael a trouvé que c'était une excellente idée depuis il fait pareil. Pour « Goodbye Marylou » je me suis fait remplacer par de superbes modèles. Elles me représentaient tout à fait avantageusement.

Mais c'est vrai que je suis un vrai mordu des techniques nouvelles et je ne peux pas attendre de nouvelles idées à base de nouvelles technologies.

En 1984, je tourne « Viens Te Faire Chahuter ».

Il est réalisé par Jeff Stein, qui avait travaillé auparavant avec les Jacksons et Tom Petty. Ce film était délirant, le budget comme toujours dans les années 80 semblait sans limite.

J'avais fait maquiller une magnifique Panaméenne en panthère.

Il nous fallait des tigres.

Nous jouions la scène sur un lit, elle et moi.

Atmosphère de jungle.

Je ne la connaissais pas.

Je l'avais choisie la veille au casting.

Les tigres étaient vraiment en liberté sur le plateau. Tournage calme, silencieux. Pas de bruit ! Pour être en synchro avec le play-back, j'ai une oreillette.

Le dompteur me prend à part et me demande si la figurante a ses règles.

Devant mon étonnement, il m'explique que si c'est le cas, les félins vont la bouffer...

Je découvre du coup la différence de base entre les hommes et les tigres.

Me voilà dans la loge, demandant à une fille que je n'avais jamais vue de ma vie, presque négligemment, « Bonjour, ça va ? Au fait, est-ce que tu as tes règles ? ».

La fille m'a sans doute pris pour un pervers total. « Non, pourquoi ? »

Entre les scènes, les deux dompteurs jettent constamment des bouts de poulets aux tigres. Dès qu'un fauve se met à grogner, ils lui écrasent une poêle à frire sur le museau. C'est dans cette ambiance rassurante que nous avons terminé le tournage.

Je n'ai jamais revu ma petite panthère panaméenne...

Quant aux félins, s'ils m'avaient impressionné sur le plateau, c'était seulement un hors-d'œuvre à côté de ce qui m'attendait en Afrique.

# XIV. Des tigres au Gabon
# Un serpent à plumes au Mexique

Un client de l'hôtel Warwick me suggère de visiter le Gabon.

Ne connaissant rien de l'Afrique noire, je m'envole bientôt pour Libreville.

Le choc est immense.

Depuis l'Amérique, je n'avais jamais rencontré quelque chose d'aussi grand.

Quelques jours après mon arrivée, je m'ennuie de ma petite

du moment, une belle Antillaise, et lui demande de venir me rejoindre.

Le journal local « L'Union » dans la section « Makaya » me montre en photo en première page avec mon amie qu'ils traitent de « négresse »

Des « amis », pour marquer des bons points, l'emmènent au Palais rencontrer le président Bongo qui voulait sans doute contrôler la couleur de sa peau.

Genevieve revient à l'Okoumé Palace avec l'accent grave et redevient Geneviève.

Je l'emmène à la plage, et elle regarde d'un autre œil un pays dont elle pourrait peut-être devenir la nouvelle présidente...

Je me fais conduire au Palais pour avoir une explication.

Ça provoque un incident avec la sécurité et je me retrouve entouré par une nuée de gardes du corps.

Coup de chance, ils sont marocains et me voilà à l'intérieur de la cour du Palais en train de signer des autographes.

Le sérieux de la situation reprenant le dessus, je me retrouve enfermé dans le Palais.

Ali Bongo, fils du président avec qui j'avais sympathisé au cours de nos nombreux échanges musicaux aux studios de la présidente, dédramatise la situation et m'explique que le tout est un malentendu.

Difficile à comprendre quand on a l'oreille absolue.

Trouvant qu'il y a de l'hadjagération dans l'air, je vais à L'Imprévu, le restaurant à la mode de Libreville, et décris à assez forte voix mon ras-le-bol de l'endroit à René le propriétaire.

Un des leaders de l'opposition, dînant à une table voisine, s'approche de moi, se dit désolé de ce qu'il entend et me demande de rester pour me faire une deuxième opinion de son pays.

Je me laisse convaincre et décide de découvrir la vraie Afrique, pas celle des capitales et de leurs intrigues.

Je rencontre un personnage haut en couleur, mon ami à venir, Claude Pradel.

Claude dirigeait la réserve présidentielle à Wonga-Wongué.

Au-dessus de la Forêt des Abeilles, qui a le charme inouï de garder prisonnières entre ses lianes et hospitaliers branchages une nuit quasi éternelle et des bourdonnements wagnériens, je demande à Claude aux commandes de son monomoteur ce qui se passerait en cas de panne.

Il me répond d'un air détaché qu'on serait morts et que personne, vu l'impossibilité de survie dans cette situation, ne perdrait son temps à venir nous chercher.

Donc, parfaitement rassuré, je me tais jusqu'à l'atterrissage, et dès qu'on touche le sol, je préviens Claude qu'il n'est pas question d'envisager mon retour à Libreville dans les mêmes conditions.

Etant pour la première fois de ma vie dans la jungle, je me réjouis de ce contact direct avec la nature et ses habitants, les lions, les éléphants Assala, les singes, les gris du Gabon, les buffles, les moustiques très intrigués par mes chevilles, et toutes sortes d'insectes volants ou rampants nous faisant sentir en permanence qu'ils sont chez eux.

Chaque jour, Claude tue un buffle.

Ça me choque, mais il doit nourrir les tigres du président au bengala toujours prêt.

Il n'y a pas de tigres en Afrique, ce qui fait que ceux-ci sont enfermés dans une cage et privés de chasse car, nés en captivité, ils seraient incapables de survivre par eux-mêmes.

Claude conduit son 4 × 4 d'une main, tient son fusil, une 44 Marlin, de l'autre et cherche des yeux le buffle correspondant aux critères de son éthique.

Se substituant à un grand prédateur, il sélectionne le plus vieux ou le plus mal en point.

Il m'explique que la carte d'identité d'un buffle est son odeur. Lorsqu'il est malade, elle change. Considéré désormais comme un intrus, il deviendra un solitaire, exclu mais à proximité.

Il fait son devoir en grand professionnel, car s'il loupe sa cible, la réciproque ne sera pas à notre avantage.

Un buffle blessé chargera, essayant d'entraîner dans sa destinée ceux qui l'ont attaqué.

Je vais voir les tigres tous les jours, protégé par les barreaux de leur cage, et les regarde manger calmement et presque tristement, résignés à consommer une viande qu'ils n'ont pas chassée.

Poussé par la curiosité, j'ai envie de les voir de plus près.

Je rentre dans le sas par la porte extérieure ouverte, ce qui veut dire que la leur est fermée, vu le système de contrepoids, et je contemple les félins.

Malheureusement, un pisteur, ignorant ma présence, ferme la porte extérieure, ce qui provoque l'ouverture de celle des tigres qui s'empressent de venir me renifler.

Pas de dompteurs, pas de poêles à frire accompagnées de lancer de poulets, je suis dans une cage, enfermé avec deux tigres de Sibérie en captivité.

« Bébé », un des deux chatons, pèse dans les deux cent cinquante kilos et pourrait tuer un buffle d'un coup de patte.

Bizarrement, je n'ai pas peur, la situation est trop invraisemblable.

Et je me mets à leur parler, je les vouvoie, je leur explique que je suis désolé d'être là, que je n'ai rien à y faire, que je suis confus d'interrompre leur repas, que je promets de ne pas recommencer.

Geneviève, ma chérie de l'époque, pour qui je donne tout, tout, évidemment, me découvre dans cette situation et se met à hurler.

Je les prends à témoin, est-ce que c'est pas idiot les gonzesses quand elles s'y mettent, c'est vraiment pas le moment de crier et d'énerver tout le monde...

Elle réussit à prévenir Claude qui arrive à intéresser les tigres avec de la viande neuve, on fait manœuvrer les contrepoids et me voilà dehors par 45 °C et 96 % d'humidité.

Je me mets à grelotter, la contre-réaction sera calmée par une bouteille de J&B descendue cul sec et suivie de trois jours au lit.

Sachant que les animaux attaquent quand ils sentent la peur, j'avais pris la précaution de les regarder droit dans les yeux.

C'est plus tard que j'ai appris que mes fameuses lunettes m'avaient sauvé la vie.

S'ils avaient vu mes yeux, ils auraient pris ça pour une provocation et je ne serais pas capable aujourd'hui de raconter cette histoire.

On fait venir pour moi un bimoteur qui casse son train d'atterrissage sur la piste défoncée par des pluies torrentielles.

Le pilote paye le prix de son atterrissage « en cravate » pour nous impressionner.

Il en faudra un autre pour ramener un nouveau train.

Après ce séjour inoubliable, je sors de ma réserve et rentre à Libreville dans l'avion sauveteur.

Revenu dans la capitale, je revois mon leader de l'opposition qui m'emmène dans la forêt boire du vin de palme.

Il m'offre des pierres de m'Bigou.

Ce sont en fait des phallus en pierre de taille (gigantesque).

Non, « normale », me disent mes amis africains avec un sourire satisfait...

En tout cas, des placebos valables en cas de panne des feux.

Je reprends l'avion pour Paris. Après un séjour de quatre mois au Gabon, je pars me reposer vers Montlhéry pour oublier les tigres de Sibérie et mon chemin de proie.

### *L'AMI COLUCHE*

En 1984, Gérard Oury signe et persiste et me demande d'écrire la musique de « La Vengeance du serpent à plumes ».

J'adore Coluche.

Malheureusement nous nous sommes peu vus pendant le tournage.

Lui tournait avec Farid Chopel au Mexique, pendant que j'écrivais le score à Los Angeles. Il a ensuite fallu tous se retrouver à Paris. La différence entre un disque et un film est simple.

Pour un film, il existe une vraie date limite. La date de sortie est prévue, annoncée. Les salles sont bloquées, réservées. Ce n'est plus virtuel ni futile. C'est la réalité.

La première fois que j'avais travaillé avec Gérard Oury, c'était sur « La Folie des Grandeurs », en 1971. On avait eu à l'époque une bagarre légendaire.

Louis de Funès et Yves Montand traversent l'Espagne dans une situation totalement classique, inspirée de Ruy Blas. J'arrive à l'enregistrement avec une musique de... western. Tout d'un coup, grâce à ma musique de l'Ouest, l'écran semble s'élargir en cinémascope.

La bagarre avec Gérard, qui voulait une musique XVII^e^ siècle, est homérique. Pour moi, il est hors de question de céder. A ce jour, tout le monde se félicite de l'idée, Gérard le premier.

Du coup, pour « Le Serpent à plumes », Oury me réclame le même grand écart.

Impossible d'évoquer ce film sans mentionner Coluche, tout proche soudain. Mon meilleur souvenir de Coluche, c'est Coluche. Le mardi 15 octobre 1984, pour la sortie du film, il est l'invité d'un Grand Échiquier spécial Gérard Oury présenté par Jacques Chancel. On me convie. Me sentant trop éloigné du climat franco-français, je décline. Je suis dans un bistrot en train de boire un verre, l'œil sur la télévision... Commence le Grand Échiquier, en direct. Avec Michèle Morgan, Danièle Thompson, Coluche, Gérard Oury, etc.

En une seconde, ma décision est prise, cette émission-là, j'y vais. Mon arrivée sur le plateau du Grand Échiquier provoque l'étonnement, puis la satisfaction générale. On m'offre un siège, et Jacques Chancel me pose cette question :

« Michel Polnareff, pourquoi habitez-vous à Los Angeles ? »

Pris à froid et me sentant complètement hors contexte, je reste sans voix, ce qui est assez rare chez moi.

Alors Coluche me sauve.

De son ton de titi parigot, il répond pour moi, « Ben parce que c'est plus près de chez lui... »

J'ai adoré Coluche. En fait je l'ai découvert dans son spectacle « Ginette Lacaze » au théâtre du Splendid.

Annie et sa meilleure amie, Nadine Trintignant, pour qui j'avais écrit la musique de « Ça n'arrive qu'aux Autres », m'avaient emmené le voir.

Il était déjà génial.

Des années plus tard, je rends visite à des amis français, à Hong Kong.

Ils me passent un disque de Coluche et c'est là que je le découvre réellement.

A la même époque, toute l'Amérique vibrait pour John Belushi.

Les deux personnages étaient très proches dans leur jeu et leur apparence physique.

Ils avaient une étonnante ressemblance même dans le tragique de leurs disparitions.

Chez Coluche, dans sa maison-refuge, on jouait beaucoup. Table de ping-pong dans la piscine, poker, rock'n'roll. Il se mettait à la batterie, on bœufait. Je le regardais faire son truc et diriger son petit monde avec joie. J'ai passé deux nuits chez lui. Sa maison était remplie d'une sympathique faune à base de gonzesses, de flics et de punks du quartier passés prendre l'apéro.

Coluche était Coluche 24 heures sur 24.

J'étais chez des amis le 19 juin 1987, quand on m'a annoncé sa mort.

Quelqu'un me dit avec désinvolture : « Oh tiens, au fait, Coluche est mort ».

Je suis entré dans une colère monstrueuse et ai détesté immédiatement le porteur de cette mauvaise nouvelle et son indifférence quant à la disparition du compagnon de route de la bonne humeur des Français et des Belges une fois.

# XV. Incognito

Cette nouvelle aventure démarrera dans un Relais & Châteaux, le Manoir, dans ce petit village de Seine-et-Marne, à Fontenay-Trésigny. Je venais de sortir « Incognito », qui est précisément devenu cela. Il faut faire très attention aux titres qu'on donne à ses albums. Album que j'aime tout particulièrement, étant allé au plus profond de moi-même pour produire ce disque. Soudain, pour des raisons politiques de maison de disques, malgré le tube « Dans la Rue », on ne le trouvait pas chez les disquaires Fnac !

J'étais à l'époque artiste signé chez RCA.

RCA France était une maison de disques dirigée par un rêveur, François Dacla.

François Dacla était un fan ultime et obsessionnel de... Sylvie Vartan.

Jusque-là, pas de problème.

Un jour, j'arrive dans son bureau et il me dit : « Michel, j'ai une idée formidable. »

Pensant qu'il veut me faire partager une bonne nouvelle, je me réjouis de son enthousiasme.

« Je vais créer une station de radio FM. ». L'idée me semble excellente.

« Radio FM... qui ne va jouer que du Sylvie Vartan ».

Bien calé dans mon fauteuil, je me regarde dans le grand miroir derrière lui et je me dis : « Michel ! tu es mort... »

Coup d'œil tout autour du bureau.

Je m'aperçois qu'il y a des photos de Sylvie partout, sur tous les murs, Sylvie en silhouette de carton découpé, jamais plus petite que grandeur nature, souvent beaucoup plus grande que cela... Sylvie. Sous tous les formats possibles et imaginables.

Mon album va sortir. On le fait précéder d'un 45 tours.

La pochette revient de chez le photograveur et je découvre mon nom mal orthographié.

Sur la pochette j'apparais sous le nom de Polnaref, voire Polnarefff, 1 f ou 3.

Saisissant mon téléphone, j'appelle Dacla.

Il m'objecte que c'est trop tard. Il y a des milliers de pochettes déjà imprimées avec les disques dedans.

Refaire les pochettes et remettre les disques dans les nouvelles ?

« Michel, cette faute, c'est un détail...

— Non, François, ce n'est pas un détail, et si tu penses que c'est un détail, c'est toi qui vas devenir un détail. »

Je me précipite à son bureau avenue Matignon.

A peine face à lui, une autre idée de François surgit...

« Michel, j'ai bien réfléchi, les seules personnes qui aiment vraiment les disques, ce ne sont ni Auchan, ni la Fnac, non, c'est le petit disquaire. Donc, j'ai décidé de faire une grosse ristourne aux petits disquaires et plus aucune remise à la Fnac, Auchan... »

Je me reregarde dans le grand miroir de plus en plus caché par les effigies de Sylvie et me confirme que je suis vraiment mort.

Et c'est en juin 1985 que sort « Incognito » chez Dacla RCA. Pour cet album-là, je me sers de toutes les ressources des ordinateurs. Que j'utilise comme tels, à force de séquences et samplings.

La technologie ayant progressé, aujourd'hui, je travaille déjà dans une optique totalement différente. J'utilise les dernières machines high-tec en essayant de ne pas tomber dans le nouveau piège du tout-électronique. Mais au début des années 80, « Incognito » relevait plus de la musique programmée. Une musique stricte, un peu raide, les femmes apprécient la raideur, donc à ne pas négliger.

Certains créateurs ne sont toujours pas sortis de cette époque. En 1980, j'avais tâté le terrain avec Hans Zimmer et Trevor Horn.

Avec eux j'ai utilisé ma première Lynn Drum.

Quand j'ai enregistré « Tam-Tam », j'ai eu besoin de dix-huit prises.

Je n'étais toujours pas satisfait, le rythme glissait, fluctuait...

Après la dix-huitième prise, le batteur Barry Morgan, plus tard de Mike And The Mechanics, me dit : « Michel, je reviens dans deux heures, je sais ce qu'il te faut... » Il ramène une Lynn Drum. Qui, littéralement, le remplace. J'achète sa Lynn Drum et il me fait un vrai cadeau de batteur en me la programmant.

Je n'aime pas trop Londres, en revanche j'adore travailler avec les musiciens anglais. Quand ils ne savent pas faire quelque chose, ils amènent celui qui va savoir. Une caractéristique que je n'ai retrouvée nulle part au monde, dans aucun studio...

La technologie me passionne depuis toujours.

Le premier souci des chercheurs de sons a

été de remplacer les sections de cordes par des claviers.

C'était en fait un problème de budget, d'attitude en studio et de son sur scène.

Comment redonner au spectateur ce qu'il a entendu sur le disque à grand renfort d'archets ?

A la fin des années 60, déjà, Mike Pinder des Moody Blues m'avait vendu mon premier Mellotron, un Jaguar, qui remplaçait précisément les sections de cordes.

Engin tout nouveau, le Mellotron était vétuste dès le départ. Son principe reposait sur un système de bandes décalées et d'orgue de barbarie. Un soir sur deux, l'engin futuriste refusait de marcher, qu'on soit sur scène ou, moins embarrassant, en studio.

Je me souviens de Mike, sortant un tournevis en plein concert pour partir à la pêche aux bandes dans les entrailles de sa machine.

La musique électronique a commencé dans ce folklore qui donnera tout de même, dans le cas des Moody Blues, « Nights in white Satin ».

« Incognito » est un disque qui me tient à

cœur. Avec la chanson « Dans la Rue », « Bronzez Vert ». Avec « Y'a que pas pouvoir qu'on Peut » qui montre le Polnareff barock. Sous une pochette théâtrale, bourrée de symboles, je m'expose de dos, lunettes d'une main, tignasse bouclée de l'autre, chauve, saluant bien bas. Cet album a été enregistré à Los Angeles, dans mon studio No Mad.

Puis nous avons mixé à Paris sur deux 24-pistes. Ce mixage fut une épopée. La synchro des deux tables explose tout le temps, les séances s'enchaînent dans une atmosphère de folie. La seule chanson « Y'a que pas pouvoir qu'on Peut » est un exploit de montage dont la réalisation s'étale sur deux mois.

Un véritable monstre avec des réverbes qui coupent net, à l'instar de mes amis de Supertramp, rendant fous les techniciens du studio Scorpio à Londres pour leur « Crime of the Century ».

Des bandes à l'envers, à l'endroit.

Et un texte sur le monde de l'interdit, plus que jamais d'actualité.

« Comment allez-vous, Madame Lévy ? Alors et mon disque ? »

Je suis inquiet.

« Incognito » est sorti, mais pas dans les bacs.

Madame Lévy dirige alors la centrale d'achat de la Fnac. Je l'appelle et elle m'explique que, suite à un fâcheux différend avec François Dacla, elle a décidé de boycotter purement et durement tous les produits RCA.

« Oui, mais pas mon disque ?

— Désolée, Michel, vous êtes chez RCA... Vous faites donc partie des gens qu'on boycotte. »

« Incognito » allait donc le rester.

Et ce, en dépit de mes nombreux passages à la télévision.

Début avril 1985, le Jeu de la Vérité.

Je participe donc à cette émission qui fait paraît-il fureur et où, de fait, seul Coluche s'illustrera.

Dès le départ, j'avais annoncé que je ne la ferais pas. Je répète pour la énième fois à Tony Krantz, mon attachée de presse de l'époque, que je ne ferai pas l'émission. J'annonce en plein festival de Cannes au réalisateur Remy Grumbach que je ne ferai pas l'émission.

Remy Grumbach et Patrick Sabatier viennent me voir chez Michel Drach.

Je leur redis que je ne ferai pas leur émission.

Se faisant fort de mon prétendu accord, ils font imprimer avec une malhonnêteté à toute épreuve dans tous les journaux télé la date de mon passage.

Après une nuit d'angoisse et de fureur, tout devient clair, si je n'y vais pas, je passe pour un total dégonflé.

La mort dans l'âme, je me retrouve sur ce plateau.

Ce Jeu de la Vérité fut un vrai drame pour moi malgré l'amour que m'ont démontré les Français ce soir-là.

Tous les téléspectateurs me félicitent, tous les appels me congratulent, je manque à tous, et tout le monde, sans fin, me le répète.

Voilà le provocateur tué dans l'œuf par cette tendresse implacable. Moi, platement :

« Merci, monsieur. Merci, madame ».

En fait, j'écume.

Comme prévu, l'affaire n'a aucun intérêt.

Patrick Sabatier est déçu.

Il espérait sans doute que le public allait m'insulter, se déchaîner, me reprocher d'être parti.

Eh bien non, on se réjouit haut et fort de mon retour.

J'ai mis des années à me remettre de cette émission, de cette incroyable malhonnêteté et de ce gâchis médiatique sans aucun intérêt.

Cerise sur le gâteau, la maison de disques, qui avait tant poussé pour que ce prime-time se fasse, soudain, en convient avec moi : « T'avais raison, Michel, fallait pas faire cette émission. »

Quelques jours après Le Jeu de la Vérité, je suis au volant d'une petite Austin prêtée par un ami.

Sur un chemin de terre très court, de cent mètres environ, en sens inverse une voiture fonce dans ma direction. J'accélère pour la passer sur ma gauche mais à cause d'une glissière, je ne peux pas revenir à droite.

En pleine accélération, je défonce trois bagnoles, plus la mienne. Que se passe-t-il ensuite ? J'ai dû tomber un peu dans les pommes.

A mon réveil, du liquide coule. Comme un fou, je cherche la clef de contact. Introuvable. Le volant est au milieu du capot. Soudain je réalise que ce liquide qui me tombe dessus... n'est pas de l'essence, mais mon sang. Je m'étais éclaté le front.

Au prix de contorsions incroyables, je parviens à m'extirper de la voiture ruinée.

C'est à ce moment que trois chiens attaquent. Ma force est devenue prodigieuse. J'en explose deux. Un panneau annonce un hôpital à 200 mètres. J'y vais d'un pas de surhomme. Au moment où j'appuie sur la sonnette, mes superpouvoirs disparaissent. Je me mets à trembler comme une feuille.

J'aurais pu mourir à 20 à l'heure à fond de première à quelques kilomètres du circuit de Montlhéry où justement on avait essayé mes Porsche à des vitesses faramineuses.

En dépit de mon passage au Jeu de la Vérité, « Incognito » reste introuvable dans les Fnac. Impossible au public de l'acheter...

Cette année-là, Stéphanie de Monaco, pour qui j'ai une grande tendresse, me fait écouter dans son Autobianchi la maquette d'une chanson qu'elle voulait enregistrer. Elle voulait mon avis de « professionnel » et mon aide musicale éventuelle.

J'avais envie de la protéger.

Ce métier, dangereux pour ceux qui en font partie, est sans merci pour ceux qui veulent y faire un tour sans vraiment y appartenir.

Seul mon copain Yannick Noah réussira la passe.

Je la décourage du mieux que je peux et elle me dit sur un ton princier :

« L'idole » (mon surnom dans la principauté) « je vais vous la mettre dans le cul à tous en avril prochain. »

Promesse tenue, elle nous le mit avec son « Ouragan » qui était partout, y compris à la Fnac.

Elle restera jusqu'à ce jour la petite sœur préférée au cœur de ma famille virtuelle.

L'aventure RCA allait bien sûr mal se terminer. Un beau jour, rentrant de déjeuner, François Dacla trouve un nouveau président assis dans son bureau et devient le détail annoncé. Les portraits de Sylvie Vartan sont désormais entassés dans le couloir. RCA est devenu un fleuron de la multinationale allemande BMG.

Pour être franc, je dois dire que je regrette que des personnages poétiques comme Dacla n'aient plus leur place dans une industrie devenue paramilitaire.

### *A L'ABRI DANS LA BRIE*

Alors, pour oublier tout ça, Dacla, « Incognito » et la Fnac, je me réfugie dans ce Relais et Châteaux de Seine-et-Marne.

L'hiver venu, la saison terminée, le prestigieux Manoir ferme.

Moi, j'ai envie de rester dans ce village. C'est un lieu vrai. Depuis quelque temps, pour rompre avec le luxe du Relais, j'ai pris l'habitude de faire de petites promenades au bourg. Rempli de gens « normaux ». Qui vont au boulot, en reviennent, etc. Soudain je me rends compte que dans mes villas de Beverly Hills ou de Malibu, j'ai perdu tout cela.

Le contact avec mes racines françaises.

Que veut mon public ?

De quoi a-t-il besoin ?

Que veut-il qu'on lui offre ?

C'est tout cela que je redécouvre. Je suis un voyeur léger de la vie normale des Français de tous les jours dans un petit village de Seine-et-Marne. Par commodité, je prends une chambre au-dessus du bar-tabac. Je vais y passer beaucoup de temps. Quelque chose qui ressemble à des milliers d'hivers.

Comment tient-on dans un bar-tabac ? Les demis aident à voir double. Bière, belote tout atout !

Du Pagnol dans la Brie.

Rien ne me résiste. Mes journées se déroulent à l'identique. Couché tard, je me lève plus tard. Bien sûr, il y a des moments chauds.

J'expérimente quelques problèmes de sécurité. Attaques du bar, descentes de bandes sur l'endroit, qui ne veulent croire ni que je suis là, ni que je suis moi.

Une fois mon identité prouvée, une seule chose reste sûre, je n'ai rien à faire là !

Et je constate à nouveau que notre planète

est une série de clubs privés, avec des endroits où on ne peut pénétrer si on est inconnu, et là, j'en fais l'expérience dangereuse, des endroits où on ne peut pas rentrer si on est une célébrité.

Le message est clair, « Ne te fais pas passer pour toi ».

Je me ressourçais, mais dans leur esprit, je n'avais rien à foutre là.

Après des décennies sous les palmiers de Californie, les hivers de Seine-et-Marne sont pour moi pénibles. J'ai horreur du froid. Mais je compose, j'écris et, dans la foulée, je vis un test pour mon endurance.

Dans un élan d'humour météorologique, il pleut même quelquefois quand le ciel est bleu.

Un jour, une femme me dit : « Je ne peux pas croire que vous soyez tombé aussi bas. » Curieuse opinion d'elle-même.

D'un autre côté, je me souviens de mecs des Ponts et Chaussées rencontrés autour du zinc. Ces types, qui travaillent très dur, me marquent un respect inouï bien réciproque.

Sciemment ou inconsciemment, je suis venu me plonger dans ce qui se passe vraiment dans une vie vraie. Parce que je vois des gens très heureux avec des goûts simples et un vrai regard sur les priorités de la vie.

Des hommes qui prennent leur café-calva à 7 heures du matin, avant d'aller travailler. Je deviens pote avec des grutiers. Un peu envieux d'eux, bizarrement.

Moins calcinés que moi, quand ils arrêtent de travailler, ils arrêtent. Moi, jamais.

En pleine nuit, si j'ai une idée, je me lève, je la note.

Mon système de création ne s'arrête jamais. Beaucoup de ces gens d'une grande simplicité ont le bonheur. Le savent-ils ? Pas toujours. Ils voient chez moi des signes extérieurs d'un accomplissement formidable, la plupart ont moins de problèmes que moi.

Je deviens un voyeur, total. Mais le numéro sera réciproque.

Très vite il y aura deux camps. Ceux qui n'acceptent pas que je les regarde et ceux qui sont impressionnés qu'une idole en apparence éteinte boive des coups avec eux. Observateur observé, je me suis mis au diapason.

Chopine a avantageusement remplacé

Chopin. Quelle belle revanche pour l'apprenti-homme de 48 kg qui avait des étourdissements en buvant le quart d'un demi-panaché au bar à la sortie du cours de karaté à Boulogne-Billancourt.

Pas question de ne pas participer. J'apprends énormément. Je m'insère dans le contexte social. J'apprends à boire, notamment. Ces choses de la rue, interdites durant mon enfance, je les découvre enfin. Toute cette rue que je n'avais pas eue quand j'étais petit, parce qu'il ne fallait pas que j'attrape des maladies, qu'il ne fallait pas que je dise des gros mots, je pense avoir eu besoin de l'apprendre sur le tard. Les après-midi, je suis à la caserne, avec les pompiers, ou à la Gendarmerie, à regarder comment se passent les choses. Sinon, je traîne des journées entières dans un avion désaffecté, un Bréguet Deux-Ponts posé sur l'aéroport local. Finalement, je me refais Montmartre, à deux cents mètres d'un Relais-Châteaux désespérément fermé. Dès la réouverture, je retourne dans cet habitat luxueux. Et là, je m'aperçois que le village des « normaux » me manque.

Un jour, là-bas en Seine-et-Marne, dans le F4 d'un ami, Jean-Claude Savigny, je repère un petit clavier. Ça deviendra « Goodbye Marylou ».

A l'instant où je lui mets avec les doigts, je sens que « Goodbye Marylou » touche à la grâce.

Quand tu écris quelque chose d'exceptionnel, tu le sais immédiatement.

La trouille survient, immense, « c'est bien de moi, ce truc ? ». Tu as l'impression que tout ça a été dicté. Pour moi, « Goodbye Marylou » a été dicté par...

Je peux expliquer comment j'ai écrit certains de mes morceaux.

Mais pas « Goodbye Marylou ».

« La Poupée qui fait Non » était une chanson rock écrite sur les trois accords, Mi, La, Ré de la méthode achetée chez Beuscher.

Là... c'est un petit peu plus compliqué. Écriture instantanée. D'un trait. Sur un petit Casio. La musique sera enregistrée à Londres. Je surveille les séances depuis le Royal Monceau. Dès sa sortie, le disque se classe au sommet des hit-parades. Je ne participerai pas à cette folie promotionnelle.

En Seine-et-Marne, mon nouveau gîte commence à être connu. De partout on vient me visiter. Jean-Claude Albert passe une journée à m'étudier, me regarder. Il m'accuse de régresser.

Bien vite, chaque vendredi, samedi soir, débarquent les Marc Lavoine, Jean-Luc Lahaye, les Indochine sur de petites Harley... Comment m'avaient-ils retrouvé ? Aucune idée. Je me souviens bien de Stéphane et Nicola. On s'assemble autour d'une table. On discute. On boit des bières. Un événement mondain pour des villageois éberlués. En fin de soirée, la petite bande de chanteurs venus sans aucun entourage retourne à la capitale. Nos soirées hebdomadaires deviennent rituelles. On se revoit de semaine en semaine. Le village est d'une magnifique discrétion.

Les Briards sont rudes. Ce sont des gens durs, mais vrais. Ils t'adoptent ou te rejettent. Nous nous sommes conquis mutuellement.

Quand tu es Polnareff, il est difficile de trouver des gens qui te comprennent. Quand j'ai affaire à des gens du Métier il est rare qu'ils fassent une recherche poussée dans l'art. Quand je parle à des gens du dehors, ils m'écoutent avec sympathie mais ne comprennent pas du tout de quoi je parle. Il n'existe pas de précédent à mon cas particulier, ma solitude est donc confirmée.

Quand Noël est arrivé à Fontenay, j'étais seul. Ce sont les pompiers qui sont venus me chercher. Ils ont senti que j'étais seul et que je ne serais pas heureux de l'être ce soir-là.

Sans la richesse intérieure et la force d'être seul, la vie de pop-star n'est même pas envisageable.

Du jour au lendemain, mon bar-tabac Les 3 Valets était devenu un endroit branché. Le propriétaire a vite revendu. Nouvellement à la mode, il trouve rapidement un acquéreur. Il refile l'affaire à un nouveau propriétaire inconscient de mon départ imminent.

Au bout d'une longue parenthèse dans un endroit hospitalier, on laisse pousser des racines. Cela me devient insupportable et je décide donc de me faire kidnapper par une bande de potes.

Partir, quitter Fontenay n'est pas facile, mais je sais qu'il le faut.

La recherche de mes sources est terminée.

Mon grand copain Marc Delachaux, directeur de la compagnie de sécurité Century, vient me chercher dans un camping-car avec une équipe de gros bras. Ils se garent devant le bistrot et m'emmènent de force avec mon accord. C'est ça que j'adore chez les vrais amis, on n'a pas besoin d'expliquer pourquoi on fait certaines choses.

Ils ne cherchent pas à comprendre.

Un ami est quelqu'un qui a raison, même quand il a tort.

Je roule un énorme patin à la tenancière du bar devant son mari stupéfait et je monte dans le camping-car, emporté par mes kidnappeurs.

Ils m'emmènent au Royal Monceau où je retrouve une vie dite « plus normale » et plus rassurante pour les fans et les gens du Métier.

« Ici on emmène son caviar ».

La société a ses règles, ses garde-fous. Comment Michel Polnareff a-t-il pu habiter une éternité au-dessus d'un bar-tabac ? Un chanteur ne fait pas ça. Il faut du courage, ou être cinglé pour oser une chose pareille. Avec le recul, je constate que j'avais poussé la recherche personnelle à l'extrême.

Durant toute cette période, Annie Fargue vient régulièrement me visiter dans ma Seine-et-Marne. Affolée, elle me demande de partir au plus vite. Pour aller où ? Elle ne me le disait pas. Aujourd'hui encore, la raison de ce choix du Royal Monceau m'échappe. Gainsbourg était un habitué du Raphaël. Vangelis ne sortait plus du George-V où il entreposait tout son matériel. Moi, c'était le Royal Monceau. J'y suis resté presque trois ans, sans en sortir, sans même poser le pied sur le trottoir. Un jour, Loïc Perron, le navigateur solitaire, est passé au bar.

Je lui ai demandé comment il tenait le coup pendant ses aventures maritimes.

Il m'a répondu très sérieusement qu'il n'y avait aucune différence entre ce qu'il faisait sur son catamaran et ce que je faisais au comptoir.

La bouteille à la mer ?

# XVI. Le Royal Monceau ou la Libidodo

Ayant passé beaucoup de temps dans les hôtels, j'ai développé une certaine philosophie sur ces lieux. Vivre à l'hôtel est aussi formidable qu'étrange.

Rien n'est vraiment à soi.

C'est pratique, mais c'est en même temps un viol permanent.

Savoir vivre dans un hôtel est un art. S'y enfermer est monacal. La légèreté devient une obligation.

J'avais mon précieux ordinateur avec moi, toujours.

Ravi de mon nouveau logis, je décide d'y enregistrer mon premier album pour Sony Music. Chaque nuit, j'investis le bar. De deux heures à sept heures du matin, je travaille à mon disque.

« Kama Sutra » a été réalisé là, au bar du Royal Monceau, l'Aquarius.

A l'époque, hors de question pour moi de retourner en studio. Une malheureuse tentative avait achevé de me convaincre. Dans ce studio, construit dans le bunker parisien d'Hitler, je comprends qu'il ne me sera possible de travailler qu'à l'hôtel.

Lorsqu'il faut sur certaines chansons enregistrer les cordes au studio Abbey Road, ancien fief des Beatles, un problème se pose.

Toujours pas question pour moi de sortir de l'hôtel.

Je ne veux pas perdre mon bébé.

Pour commencer, j'écris donc les arrangements de cordes sur le palier du premier étage avec mon arrangeur Nick Ingman. Nous travaillons sur le piano de l'hôtel. Puis

Ingman part pour Londres avec les arrangements.

Royal, au bar, je surveille la séance au téléphone.

« Monsieur Polnareff, vous ne m'aviez pas dit que vous connaissiez Herbie Hancock ? * » me demande François, le barman de L'Aquarius. « Il est descendu ce soir à l'hôtel. »

Vers 1985, je dîne avec Herbie, Jermaine Jackson, Diane Barton et ma copine Sylvia Kristel ** qui est Emmanuelle dans les bons moments.

Sylvia, étant hollandaise et la cible des yeux d'Herbie, sort, totalement inspirée, cette phrase historique : « It never rains in Amsterdam », « Il ne pleut jamais à Amsterdam ».

Et on décide que lorsqu'on se reverra, dans un mois, un an, dix ou quinze ans, le premier qui sortira cette phrase aura gagné.

Je me précipite donc dans le hall de l'hô-

* Pianiste de Miles Davis, soliste virtuose, compositeur du tube hip-hop « Rock It ».

** Actrice des films érotiques « Emmanuelle ».

tel et me jette littéralement sur Herbie et, avec une grande claque sur l'épaule, lui claironne fièrement : « IL NE PLEUT JAMAIS A AMSTERDAM.

— Et alors ? me répond-il.

— Comment ça et alors ? Jermaine, Sylvia, Diane, et notre pari ? »

C'était le ministre d'un pays d'Afrique, ses gardes du corps avaient déjà la main sur leurs armes.

Je m'excuse auprès de tout le monde, et quand je leur explique la méprise, on éclate tous de rire.

Je n'ai pas revu Herbie depuis, le pari tient donc toujours...

Je sais, mais ne veux pas savoir, que je deviens aveugle. J'avais mémorisé tous mes parcours dans l'hôtel. Je fais venir un ophtalmo qui est formel et me dit que mon opération des yeux devient, à échéance courte, inévitable.

Je picole. Beaucoup de vodka. De la bière. Du vin, parce qu'il faut changer. Beaucoup de Bloody Mary aussi. Et des

Bullshots. Et de la vodka. Et encore de la vodka, j'aime la glace et les glaçons.

Sous l'effet de l'alcool, je ne me pose plus aucune question. Une question ? Un autre verre !

Quand j'ai complètement arrêté de boire, il y a quelques années, en Californie, j'ai cru que j'allais tomber dans une tristesse totale, absolue, pathétique. Aujourd'hui, je constate que c'est exactement l'inverse. La tristesse, c'était avant.

A force de vivre dans ce grand hôtel à l'année, je finis par ne plus en voir que les défauts.

Ne souhaitant faire aucune promotion, je regretterai de céder à la pression incessante du rédacteur en chef de l'édition française de « Rolling Stone », ce qui me vaut, au nom de l'amitié, un article particulièrement ignoble.

### *THE MISSION*

Au Royal Monceau, j'étais sans grand appétit sexuel.

Les mélanges d'alcools ayant provoqué des pannes de braguette embarrassantes, je rappelle mes anciennes fiancées en me disant que le résultat final importait peu, vu qu'elles m'avaient connu avant.

Mais la plupart étaient maintenant mariées.

Comment, on n'a pas la patience de m'attendre dix ans ou plus ?

Je me retrouve dans des situations inédites.

Appelant le mari d'une ex-conquête, je lui explique mon problème et lui demande s'il ne peut pas me laisser passer un moment de vérification avec sa femme.

C'est juste pour un test, et finalement je la connaissais avant lui.

Un peu étonné, il m'explique que malgré toute l'admiration qu'il a pour moi, musicalement s'entend, et sa compassion pour mes difficultés, je devrais essayer de trouver une solution ailleurs.

Devant l'urgence quasi médicale, je réussis à le convaincre de la laisser venir. Grand seigneur, il s'incline.

D'une voix un peu enrouée, il m'appelle le lendemain pour savoir comment ça s'est passé.

Je lui réponds que je ne m'en souviens pas, il m'a eu l'air vaguement déçu.

Je pense, sans aucun cynisme, que c'était une belle leçon de générosité sans aucune perversité de part et d'autre et qu'en tant que mec, quelque part il aurait souhaité que ça ait marché.

Rassurez-vous, je n'ai pas rencontré vos femmes, mais je continuerai à chanter dans vos enceintes.

On s'était tellement foutu de ma gueule quand j'étais petit, parce que j'étais tout maigre... Ce que la journaliste de « Rolling Stone » venue m'interviewer au Motel Ronceau n'a pas compris, c'est que j'avais envie de devenir gros. Victoire à l'envers, je deviens moche, boursouflé. Quand j'étais dans mon trip de campagne française, Annie m'avait amené la cassette de « The Mission ». En voyant le personnage barbu, cheveux en arrière, campé par de Niro que j'adore, je me suis dit : « Ça c'est un vrai mec ! » Il ne se cache pas derrière des lunettes, des cheveux. Non. Il se bat. Je prends ma décision, il faut réagir, c'est mon nouveau moi.

Je sors « Kama-Sutra ». Avec la chanson « LNA HO ». Œuvre de patience et de minutie.

Un des volets de ma trilogie, « Bulles »-« Incognito »-« Kama Sutra ». Qui possède ces trois albums (et « Polnareff's »...) possède une grande partie de moi.

D'excellents musiciens, parmi lesquels Mike Oldfield, compositeur de « Tubular Bells » et grand guitariste, ont joué sur « Kama-Sutra ». Je n'en ai rencontré aucun, n'étant jamais en studio et enregistrant mes voix dans le bar Aquarius du Royal Monceau.

Ben Rogan, producteur de Sade, me donne un coup de main.

L'idée de « LNA HO » vient des plaques de voitures californiennes.

Aux USA, les propriétaires de voitures de sport ont le droit de choisir des plaques ronflantes d'allusions phonétiques. Trouvant l'idée formidable, je travaille sur cette thématique avec Jean-René Mariani.

L.I.D. est 2 moi c pas 2.

Des années plus tard, ce langage deviendra celui des SMS.

Le clip aussi est novateur, entièrement conçu et réalisé en 3D et en images de synthèse numériques par Patrice Rollin, annonciateur de « Shrek » et « Toy Story ».

### *800 JOURS*

Cette période est ma période bleue. Tout me semble baigner dans cette couleur. Dans le clip Kama-Sutra que je tourne moi-même avec une petite caméra, je crée un univers bleu. Henri de Bodinat, président de Sony, était venu me voir dans mon petit village de Seine-et-Marne.

J'aimais bien ce personnage, très représentatif du business de l'époque. Sans se comprendre l'un l'autre, on s'appréciait. Il m'a signé sur Sony Music pour qui j'enregistre alors. A sa façon, de Bodinat était un poète motard. Il n'y a plus beaucoup de place pour ces hommes-là aujourd'hui. J'aimais beaucoup également Paul-René Albertini, qui lui a succédé. Si François Dacla était fou de Sylvie Vartan, Paul-René, lui, ne jure que par Mylène Farmer. Paul-René rêve qu'on enregistre un album ensemble. « Farmer Polnareff » ou « Mylène Michel » sur le papier, l'idée n'était pas mauvaise.

J'aime bien Mylène, mais nous n'étions pas faits pour travailler ensemble.

Après une première rencontre, Mylène mi-raisin au bar du Sunset Marquis, l'hôtel rock'n'roll de L.A., on a néanmoins essayé. Il ne me reste de cette expérience de travail commun qu'un minuscule refrain : « Vilaine Mylène/ Gentille Camille/ Mets ça Vanessa. »

J'avais de longue date quitté le Royal Monceau. Je suis parti un matin, très exactement au bout de huit cents jours, en prenant bien garde de quitter l'hôtel avant midi, pour ne pas payer une journée supplémentaire.

Tout ce temps, l'alcool m'a assisté. L'alcool a un effet anxiolytique. Je n'en suis pas spécialement fier. Mon séjour au Royal Monceau avait été une chute programmée, annoncée. J'étais devenu ce personnage gros, barbu.

Je me souviens particulièrement d'un passage au Top 50 en 1991, enregistré à l'hôtel pour l'émission alors présentée par Marc Toesca. Il y avait chez lui un étrange mélange d'adulation et de gêne, totalement perceptible à ce moment-là chez les autres journalistes...

En tout cas, mon personnage fonctionnait au-delà de toute espérance. Il me faudra six ou sept années pour me raser la barbe. Je savais que j'avais la possibilité de faire un saut périlleux arrière et revenir intact de cette épopée. Pourquoi cette expérience ? Le voyeur est en train de devenir aveugle.

## XVII. Les Vaches à Cidre

Le Royal Monceau fut mon Hôtel California, comme la chanson des Eagles racontant les déboires de musiciens incapables de quitter le confort de leur palace kafkaïen.

Je ne peux pas sortir, puisque je ne vois pas.

Un jour, à cinq heures du matin, je fais venir un ophtalmo, le Dr Alain Hagège.

Que va-t-il se passer si je ne fais rien ?

Le docteur est formel.

A terme je ne verrai plus rien, l'opération est inévitable.

Je vais me trouver confronté au scalpel. Prendre cette décision me pétrifie. Je suis coincé entre deux terreurs. Si je me fais opérer, je peux retrouver la vue mais aussi la perdre totalement. Si je ne le fais pas, je suis assuré de devenir aveugle.

Je me suis mis le nez contre le miroir et me suis décidé.

Cette opération, il fallait la faire, on allait la faire.

Certains doivent la vie à leur médecin.

Moi, c'est la vue que je dois au mien.

Merci Alain, du fond des yeux.

Ça m'a donc pris un an pour affronter ce moment.

Le 17 octobre 1994, le docteur Hagège opère mon œil gauche.

C'est son anniversaire et pas ma fête.

Le 20 décembre 1994, œil droit.

Pour préparer mon opération, je m'impose un régime sec dans une clinique. C'est là que je fais la connaissance de Guillaume Depardieu. Lequel racontera :

« Nous étions tous dans cette clinique, chacun pour des raisons différentes. Il y avait un grand piano dans le salon, j'en jouais un peu... Un soir, un gros barbu s'approche de moi et me dit : " Salut Guillaume. J'aime bien ton jeu de piano. Moi je suis Michel Polnareff. " J'adore Polnareff... Or là, je voyais un énorme mec, barbu, méconnaissable. Je menace tout de suite de lui casser la gueule. Il s'assied au piano. Nous sommes devenus des potes ultimes. Un soir, je voulais faire le mur pour acheter de la dope, de l'alcool, n'importe quoi, il m'a gentiment dissuadé puis, comme je voulais sauter du deuxième étage, il m'a menotté sur mon lit. Oui, Polnareff se balade avec tout un arsenal d'engins divers et variés, vous ne saviez pas ? »

Dans la clinique, je me prépare pour cette opération des yeux. J'ai peur. Je veux garder l'anonymat. J'ai donc une barbe assez colossale. Les journées sont interminables. Je sors régulièrement pour aller boire des verres dans une brasserie où les serveuses sont aussi nombreuses que mignonnes. Profitant de mon nouveau look, je me fais passer pour un peintre.

« Est-ce que vous ne voudriez pas poser pour moi ? »

Les serveuses me disent d'abord non, puis elles reviennent discrètement vers moi pour me dire qu'elles ont toujours rêvé d'être modèles. Je me retrouve au pied du mur, « Vous savez, cet après-midi, je peux poser pour vous ».

N'ayant pas amélioré mon coup de crayon depuis l'époque du Sacré-Cœur, je temporise, donne des réponses vagues, « Aujourd'hui je ne suis pas inspiré. Je ne sens pas du tout le truc... ».

Première opération. Je reviens à la même brasserie avec une coquille sur l'œil. Mes serveuses s'inquiètent. Que s'est-il passé ? Je donne de vagues explications, prétends être tombé. On me regarde curieusement du bar. Mais bon, je suis le peintre du coin.

Quelques semaines plus tard, j'enlève ma coquille et vais me faire opérer de l'autre œil. Retour à la brasserie, avec la coquille de l'autre côté. On s'affole : « Que se passe-t-il ? ». J'explique que je suis tombé de l'autre côté !

Juste après l'opération du deuxième œil, on m'amène « Paris-Match » à la clinique. Que vois-je en couverture ? Moi. Photo volée par un paparazzo armé d'un télé-objectif. Comme un vieil homme malade.

Secoué d'à-coups violents, je vomis toute une nuit, ce qui provoque une poussée de tension oculaire particulièrement douloureuse.

Quand je suis retourné à la brasserie, tout le personnel et les clients m'attendent et me font un triomphe admiratif sur le thème, « Vous nous avez bien eus ! ».

Et les filles de la brasserie ? Déçues sur leur avenir de modèles, elles sont ravies d'avoir connu Michel Polnareff. Le reste de la journée vire à la séance de dédicaces.

Il y a à la clinique nombre de gens en désintoxication, beaucoup d'adeptes des Alcooliques Anonymes.

J'assiste par curiosité à quelques séances et mon respect pour ceux qui y trouvent un réconfort m'empêche de m'étendre plus longtemps sur le sujet, cette méthode n'est pas pour moi.

Je trouve quand même étrange les références constantes à Dieu.

C'est bien lui qui a changé l'eau en vin, non ?

J'avais besoin d'alcool. Et c'est la seule analyse que je puisse faire. On parle rarement des gestuelles liées à l'alcool ou à la cigarette. A une époque, je fumais trois paquets par jour. Parfois, à Neuilly, j'avais trois cigarettes allumées en même temps dans le salon. J'ai arrêté de fumer peu après mon arrivée en Californie. Mais toute cette gestuelle liée à l'alcool et au tabac est primordiale. Quand j'ai arrêté de boire, il m'est devenu difficile de traverser une salle de restaurant, je ne savais pas quoi faire de ma main droite ! Aborder une femme un verre à la main, c'est tellement plus simple.

J'ai arrêté de la façon la plus radicale.

Selon moi, il y avait là comme une stupide recherche de virilité. J'ai fait un long jeûne dans le désert de Californie. Depuis, je n'ai pas bu une seule goutte.

Je suis convaincu que l'on sait soi-même ce qu'on se fait.

Sentir jusqu'où on peut aller et s'arrêter immédiatement quand, en se promenant dans les pâturages de Normandie, on prend les pommiers pour des vaches à cidre.

## *GRÂCE À D'YEUX*

Quand je subis mon opération des yeux, j'ai un walkman sur les oreilles pendant toute la durée de l'intervention.

Dix-huit minutes. Un petit siècle. Pensant me faire plaisir, le personnel de la clinique me met ma propre musique dans le casque. Je suis obligé de les arrêter, j'ai trop envie de tout remixer... Je réclame une cassette de Wagner dans l'appareil. Voilà qui correspond mieux au lyrisme du moment.

Et puis, comme cela arrive parfois, les écouteurs glissent.

On imagine la situation, je suis couché sur la table d'opération. Un ballet d'infirmières autour du chirurgien, le docteur Alain

Hagège, se relaye autour de mes yeux... et de mes oreilles devenues ma vue virtuelle.

« Ça va ? »

— Il est mort de trouille !

— Mettez lui 2 cc.

— Mais docteur, c'est beaucoup...

— Ça vaut mieux. »

Jusqu'à l'arrivée du marteau-piqueur. Quoi ? un marteau-piqueur ! ! !

— « Passez-moi le phako-émulsificateur. »

Et hasta la vista le cristallin.

C'est vrai, je suis mort de trouille.

Et c'est pourtant le moment où il faut faire une confiance aveugle au chirurgien des yeux.

Je vois de l'intérieur ma vue partir et bientôt, cette impression de bourrage de crâne...

Et cette peur tenace, la peur que tout rate et cette confiance à la fois qu'autour de moi on est calme, presque comme si c'était de la routine.

C'est très longtemps après que Alain Hagège m'expliquera que cette opération équivaut à casser un roc posé sur une feuille de cellophane !

Aujourd'hui, je revois les photos de ce personnage totalement étranger, moi, ce monstre barbu, à demi aveugle, et je n'ai aucune explication.

Pendant de longues semaines, je fais régulièrement le geste d'enlever mes lunettes pour reposer mes yeux, l'opération était tellement réussie que je n'en portais plus.

Quand on s'est habitué à ne plus voir, et que suite à une opération on se met à revoir les couleurs qu'on ne distinguait plus, soudain, on est agressé.

Les gens qu'on ne faisait que discerner avant sont trop proches.

Le monde était si bizarre qu'il m'a fallu une très longue acclimatation.

Au sortir de ma seconde opération, celle de l'œil droit, j'ai une véritable crise de panique.

Je ne suis plus moi ! Ça se passe à l'intérieur de ma tête, comme un film horrible.

Tout ce que je voyais de loin est désormais

trop proche, trop clair, trop net. Pressant la sonnette d'alarme, j'appelle une infirmière. C'est l'assistante du Dr Hagège, heureusement de garde cette nuit-là, qui arrive. Elle me découvre en crise.

A ma stupéfaction, sa réaction est brutale.

Elle m'explique qu'il n'est pas question de me suivre dans le chemin de mon angoisse, que ça ne serait pas m'aider.

« Michel, vous êtes en train de quitter le monde des bigleux. »

Je n'oublierai jamais sa phrase.

## XVIII. Live at the Roxy

27 septembre 1995.

Pour moi, les dates, c'est un truc qui pousse sur les palmiers dans le désert. Mais celle-là, j'en retrouve trace sur la pochette de mon album « Live at the Roxy » qui paraît chez Sony Music en mai 1996. Pourquoi un disque en public ? Au départ, ça devait être unplugged, solo et acoustique comme les derniers disques à la mode de Nirvana, Eric Clapton ou Neil Young.

C'était l'idée de la maison de disques. Mais très vite, j'ai eu envie d'évoluer vers un disque avec du son et des musiciens. Pour l'enregistrer, je me rase la barbe.

Dès mon exil de Fontenay-Trésigny, j'avais commencé à la laisser pousser. Comme un challenge. Derrière cette barbe d'homme des bois, voire de biker, de gars pas commode en quelque sorte, j'étais devenu mon nouveau personnage.

Mes intimes ne revenaient pas de cette transformation. Grace Jones s'y est laissé prendre.

J'ai rencontré Grace Jones à Paris. Elle sort à l'époque avec un boxeur. On nous parle d'une boîte de nuit tenue par des Chinois à Clichy. Nous décidons d'y aller. Dans la boîte, le copain de Grace commence à se sentir mal. Il s'évanouit. Dehors un froid de canard. Aussitôt, les Chinois veulent jeter le copain de Grace à la rue. Je m'interpose. Dans son état, c'est impossible. Il va y rester ! Les Chinois sont têtus et nous veulent dehors.

Je me mets en plein milieu, sortir la victime d'un malaise et la jeter à la rue dans un froid glacial est criminel.

Grace ne m'aide guère, oubliant qu'il ne faut pas dire aux gens la vérité, elle hurle, traite la patronne de pétasse. Les choses s'enveniment. Je réussis à appeler le Samu, et le copain de Grace part en ambulance. Le lendemain je retrouve Grace au Queen. Elle me dit au revoir, car elle part pour New York le lendemain. Moi aussi ! La nuit est longue. Je rate mon Concorde et prends celui du lendemain. Surprise, Grace aussi a loupé son avion, elle est là aussi. Notre Concorde décolle. Pour rire, je demande à Grace si elle ne se foutrait pas à poil pour égayer le voyage. Aussitôt elle se lève et improvise un début de strip-tease dans le Concorde. Sortant une guitare, je me mets à jouer. Bordel général, les passagers sont ravis, les passagères furieuses.

Après une autre nuit de folie à NY, nous nous perdons de vue. A l'époque j'ai la barbe, les cheveux emmêlés. Une nuit, à Los Angeles, chez Drai's, une amie me dit qu'elle va me présenter Grace Jones. Je rigole intérieurement. C'est que mon look a changé. Je suis blond et rasé. Je me plante devant sa table : « Ça va, Grace ?

— Qui êtes-vous ?

— Michel Polnareff. »

Grace s'énerve : « Arrête tes conneries, je connais très bien Michel Polnareff. Je n'aime pas les imposteurs ! »

Grace est une rapide. Elle se dresse et va me mettre son poing dans la gueule. Et là je dis : « Grace, la boîte avec les Chinois à Clichy ? L'ambulance ? Le Concorde ? »

Elle recule... « Non ?! »

Mon changement de look était vraiment réussi.

Nous avons passé une soirée formidable avec son frère, Ministre de quelque culte.

A quelques heures de remonter sur scène à Los Angeles, j'ai voulu éviter au public le choc de découvrir un Polnareff préhistorique, au look de Raspoutine. Sauf que jamais je n'aurais imaginé qu'il pouvait être si difficile de se séparer d'une barbe. Au salon de coiffure José Eber, sous les ciseaux de Laurent DuFourg, l'événement est filmé. Annie en a gardé des tresses en souvenir.

Ce rituel, qui me paraît brutal, en fait, me libère de sept ou huit ans de ma vie.

Le papillon sort de sa chrysalide, un Polnareff en passe de redevenir bronzé, sportif, avec le bon mental.

Je fais mes adieux à un ancien Polnareff.

On nous accorde qu'il est plus facile d'enregistrer la nuit puisque tout le monde dort. Les gens se reposent, les vibrations retombent. De même, un système pileux fourni permet à tout musicien qui respecte son art de s'aligner sur une vibration cosmique, les poils sont autant de petites antennes.

J'ai beaucoup fréquenté les sportifs de haut niveau, eux ne se rasent jamais avant une compétition.

Ils perdraient l'influx nerveux.

Jamais un boxeur ne se rase avant un combat.

Je sais ce que le public attend.

Assis au premier rang de mon public, il y a un autre moi, qui s'appelle Michel.

Lui c'est quelque part le fan numéro 1 de Polnareff.

Lui sait qu'il fallait couper cette barbe, il me le confirme.

Le concert au Roxy reste un bon souvenir.

C'est une salle prestigieuse où Jim Morrison a débuté et où j'avais vu les Ramones, ce dernier orchestre rock'n'roll de surboum punk.

Le Roxy est une Mecque symbolique du rock'n'roll.

Evidemment, j'ai le trac.

Pas question qu'il ne soit pas au rendez-vous, celui-là !

Ce concert n'avait pas été annoncé.

Quelques invitations seulement.

Bizarrement, une foule énorme bloque Sunset Boulevard et fait connaissance avec la LAPD (police de Los Angeles).

Le spectacle vire au happening.

Et devient presque une répétition en public.

Le mixage du disque fut une étape délicate.

Un jour, je l'espère, nous sortirons les répétitions qui furent filmées, et le public pourra me voir diriger mon orchestre.

On entendra les morceaux démarrer de rien, on verra les musiciens déchiffrer les partitions que j'ai écrites à leur intention.

Pour ceux qui connaissent ces titres, on les verra « revenir » de rien.

Depuis le duel de banjos du film « Délivrance », je goûte les affrontements compétitifs entre deux musiciens. Là, je me suis énormément amusé à mettre en scène des parties de steel guitare répondant à la guitare électrique.

J'adore créer d'intentionnelles fausses pistes. Mélanger basse reggae et pedal steel country. Donner à l'auditeur l'impression qu'il est un cow-boy se réveillant soudain en Jamaïque.

Pour fêter la sortie du disque, je donne des dizaines d'interviews à Los Angeles. La presse française se déplace dans un long ballet promotionnel Transatlantique. Je termine le mixage du « Live at the Roxy » devant l'équipe de « Rock&Folk ».

Philippe Manœuvre m'interviewe et c'est lui que je rappelle quelques années plus tard pour lui demander de m'aider à rétablir l'historique de ce livre.

Ce qui m'avait plu, en plus de son brillant talent d'interviewer, c'est qu'il m'avait appelé de Paris pour compléter son article.

« J'ai oublié de te demander, qu'est-ce que tu as fait en mai 68 ? »

« Je me suis barricadé. »

Éclats de rire...

Comme moi très soucieux du détail, je trouve en lui un compagnon de route et me livre, non sans réticence, à des séances de psychanalyse assez dures pour moi dans un hôtel californien.

Je découvre qu'en fait, j'avais réussi à effacer de ma mémoire certains souvenirs désagréables et qu'il est très douloureux de les faire revenir à la surface.

Dans la foulée commence l'opération Canal Plus, présentée par Michel Denisot, proposée par Alain de Greef et Pierre Lescure, et préparée par Marc-Olivier Fogiel et Nicolas Plisson.

J'ai toujours aimé Canal Plus. Le sujet que la chaîne a réalisé avec moi m'a frappé par sa qualité. A l'époque, la première diffusion a battu tous les records d'audience de l'histoire de la chaîne. J'étais content de revenir avec quelque chose qui représentait mon environnement, le désert de Mojave, pas dans le décor d'un studio. J'aime le désert ? Nous étions dans le désert. J'aime les Hummer ? J'avais mon Hummer.

On sait que j'aime bien le piano, j'ai demandé qu'on m'en amène un, par hélicoptère.

Pendant le tournage, le désert a repris ses droits.

Une vraie tempête de sable s'est levée, donnant à ma prestation un petit côté héroïque.

A l'époque je m'habillais en treillis, avec des vêtements pseudo-militaires.

Aujourd'hui, de vrais militaires se battent dans de vraies guerres et meurent pour des raisons bien obscures.

Par respect, je ne porte plus d'uniformes de ce genre.

Dans mes interviews de l'époque, je me vante d'avoir trouvé la bonne énergie avec les gonzesses. Peu après, justement, je me retrouve dans une situation passionnelle ultra-violente. Le passionnel, oui, c'est très beau, mais dans les films.

Si j'étais resté avec elle, l'un des deux aurait buté l'autre. Il fallait tout arrêter, ce qui fut fait. La quitter m'a brisé le cœur mais je n'avais pas le choix.

Comment ça, je l'aimais plus que mon perroquet et ça lui suffisait pas ?

Cela dit je négocie mieux avec ce genre de problème qu'avant.

J'ai appris qu'une gonzesse peut en cacher une autre.

Sans croire à la notion du « une de perdue dix de retrouvées » chère à certains, je pense plutôt une de perdue, une à chercher.

Pour fêter tout cela, je sors un single à dimension épique, un titre de plus de onze minutes.

Sur « Je rêve d'un Monde » il y a la meilleure chorale gospel de la Terre, the Crenshaw Elite Choir. Oubliant les conseils de Michel, et devant la beauté de leur interprétation, Polnareff s'est effacé derrière cette chorale.

Je n'ai aucun regret du « bon vieux vinyle », la pizza réglisse.

La gravure au mastering me valait des nuits de terreur à essayer de coller un maximum de sons et de niveau sur le vieux plastique, à me prendre la tête pour essayer de donner plus de son, plus de musique.

Je réécoute mes propres albums de temps en temps. Certaines chansons me plaisent toujours, d'autres plus du tout, je les traiterais différemment aujourd'hui.

Certains de mes titres sont devenus des standards.

Je me surprends à en être fier.

Fier d'avoir rejoint la famille de ceux qui m'ont fait rêver quand je n'étais rien qu'un petit écolier se baladant sur le boulevard des Filles-du-Calvaire, et fier de faire rêver à son tour.

## XIX. Syndrome de Stockholm

En 1997, un Français devenu marchand de vins à Los Angeles, Charles Glenn, me présente Christopher de la Torre Bianca, alias Christopher Rocancourt.

Glenn me présente Rocancourt comme un investisseur potentiel très puissant qui rêve de placer des sommes considérables dans le disque, les concerts, le cinéma. La rencontre se passe dans un restaurant hollywoodien, Chez

Maurice. Je ne me suis pas vraiment méfié. Pourquoi l'aurais-je fait ? Que l'on dîne à l'Orangerie, chez Spago et autres endroits à la mode, tout le monde vient saluer et fêter Christopher, de Spielberg à de Niro.

Avec sa fiancée chinoise, Pia, leur bébé, Zeus, un chien, une nounou et Mickey Rourke, ils viennent tous habiter chez moi, dans le désert. Nous débordons de projets. Sortant d'expériences sentimentales assez peu brillantes et n'en pouvant plus de la plastique californienne, je souffre de solitude. Ce nouveau copain français tombé du ciel est littéralement providentiel. Excentrique, original, suivi par une meute de jolies filles, ultra-sympathique...

Certains m'ont bien conseillé de me méfier de son passé nébuleux, ceux-là me semblent jaloux de notre haute complicité. Soudain, Christopher devient mon meilleur ami. Nous faisons une virée de trois semaines à Vegas. Et là, il a oublié son portefeuille. Pas de cartes de crédit, pas de carnets de chèques... Pour lui sauver la mise, je lui prête de grosses sommes. Le grand classique. La catastrophe totale.

Mon escroc de service est de retour. Il ne s'appelle plus Bernard Seneau, il s'appelle cette fois Christopher Rocancourt (alias Christopher de la Torre Bianca... Christopher Rockefeller, Christopher Lloyd, Chistopher Reyes). Il sait que je veux un port d'arme.

Depuis l'assassinat de John Lennon, tous les chanteurs rêvent d'avoir leur port d'arme.

Christopher sent la faille.

Il s'engouffre, me soutire des sommes de plus en plus importantes pour obtenir le fameux document.

Et soudain, les choses s'accélèrent.

Il me réclame des photos d'identité pour le port d'arme. Puis il lui faut mes empreintes. Comme il me propose d'aller lui-même faire la démarche au building fédéral, je les lui donne bien volontiers.

A la même époque, je rêvais d'un Hummer. Christopher me conseille de faire l'acquisition de celui de Dodi Al Fayed.

Un jour, il me l'amène.

Je le vois, de mes yeux fraîchement opérés. Un véhicule sublime. Mon rêve. J'ai payé.

Trois jours après, le Hummer avait pris dix balles dans les portières à la suite d'une fusillade sur La Cienega.

Mon Hummer est devenu pièce à conviction, dans un entrepot policier, quelque part.

Comment me serais-je méfié ?

Un jour, Rocancourt m'appelle et m'invite à passer le voir au Regent Beverly Wilshire, son hôtel. Un des plus beaux palaces de Los Angeles. Je le rejoins et le trouve tonnant et tempêtant à l'étage qu'il occupe intégralement. Entouré d'ouvriers mexicains, il supervise les travaux de décoration. Il hurle. Il faudra refaire cette peinture, ce n'était pas la couleur prévue du tout. Et ces rideaux, d'où viennent-ils ? Il faudra changer ces affreux rideaux qui ne vont pas. Comment, à ce moment précis, aurais-je pu me douter qu'il avait en fait une toute petite chambre dans un recoin de l'étage pour laquelle il ne payait pratiquement rien, puisque l'hôtel était en travaux ?

Quelques jours plus tard, mon aide de camp Thierry me présente un article de journal dans lequel il est question d'un trafic de faux passeports à base de fausses empreintes. On décrit un suspect dans lequel il est impossible de ne pas reconnaître Rocancourt.

Lequel se balade dans la nature avec mes empreintes et mes photos d'identité.

Prenant les devants, je demande à mon avocat de contacter le FBI.

Le FBI m'interroge et, au terme d'un long entretien, me demande comment j'ai pu être à ce point bluffé, abusé. Je leur explique que, depuis des années, moi, Michel Polnareff, j'essaye de lutter contre une certaine montée de la paranoïa.

Je fabrique du beau, j'usine du rêve, j'essaye d'y croire.

J'explique à ces messieurs du FBI que Christopher était un artiste admirable dans sa catégorie.

Dans les boîtes, Christopher était le roi de L.A. Les top-modèles se jetaient à ses pieds, Mickey Rourke était son intime. Fallait-il lancer une enquête de police sur ces éléments ?

Chaque soirée était un ballet de limousines, de jets privés, de filles, de champagne.

George Mueller, agent du FBI, a fait de la mise hors d'état de nuire de Rocancourt une croisade personnelle.

Christopher de la Torre Bianca est attendu par un certain nombre de tribunaux pour répondre d'une multitude d'affaires dans une multitude d'États.

Rocancourt était extrêmement malin.

J'aurais dû avoir des doutes sur lui.

Plein de détails ne concordaient pas.

Certaines choses devenaient par trop bizarres. Aucune de ses promesses ne se réalisait. Mais il m'avait emmené dans un voyage, comme dans ces livres où les espions passent des années en planque et finissent par se prendre de sympathie pour leurs victimes. C'est le fameux syndrome de Stockholm. Que se passe-t-il dans une prise d'otages ? Les otages comprennent toutes les bonnes raisons de leurs ravisseurs qui s'attachent à eux.

Christopher me regardait comme son nouveau bonbon. Je payais pour lui, sa petite famille, son entourage.

Joli trou dans mon budget. Je n'ai pas porté plainte. Pour quoi faire ? J'avais eu envie de croire à une amitié.

Rocancourt est un escroc.

Quelque part il faisait honnêtement son boulot.

Aux dernières nouvelles, en prison, Christopher aurait rencontré la religion.

Le vice, c'est sacré.

## XX Finale, première ou : « Le Prix de la Nuance »

Quel temps fait-il pas à Paris ?

Actuellement, nous vivons les années karaoké. Mes chansons sont reprises lors d'émissions de Télé Réalité.

Je suis pour.

Non seulement je suis flatté du bon goût de ces jeunes chanteurs, mais en plus, je trouve toujours intéressant de découvrir la vision personnelle des uns et des autres par rapport aux concepts originaux.

Je sais qu'il est de bon ton de critiquer les nouveaux shows télévisés dans lesquels de jeunes chanteurs font leurs premières armes sous l'œil des caméras. On parle de commerce, d'opération marketing...

Ce sont finalement les nouveaux tremplins du Golf-Drouot. Grâce à ces émissions, de jeunes débutants peuvent se montrer. Le processus d'élimination est le même que lorsque j'ai fait le concours de La Locomotive dans les années 60. Il y a eu des éliminatoires jusqu'à nomination du gagnant, c'est la loi des concours, Miss France, Miss Monde ou le Tremplin du Golf-Drouot. N'oublions pas que pour apprendre une chanson, le public a besoin de temps. Certains ont besoin de vingt ans pour venir à un artiste. Certains titres mettent des décennies avant d'atteindre toute la population. Il y a des vagues. Le public se compose d'acharnés de musiques, mais aussi de gens qui subissent cette musique dans les voitures, les ascenseurs, à la radio.

Je ne fais pas des disques pour plaire. Mais mon prochain album, je le fais plus pour le public que pour moi. Je ne suis pas influencé par ce qui sort. Ma devise reste « Tout entendre, ne rien écouter ».

Le public est un tigre, une panthère noire. Il a un instinct incroyable. Le public sent tout de suite quand un artiste a peur. Quand il est en colère. Quand il a envie. Quand il est flemmard. Quand il a travaillé. Le public ne se trompe jamais. Le fameux instinct féminin est une blague comparé à l'instinct du public. Par contre, il arrive au public de se faire avoir par un tube malin, rusé. Mais quand il a cette impression, l'artiste est fini. Au suivant...

On ne peut pas dire que j'encombre trop. Si certains allument leur télé chaque fois que Polnareff passe, elle doit être restée éteinte longtemps.

J'aime les défis. M'envoler. Toucher le ciel. Écarter l'espace. Affronter l'éternité en face. Regarder les cieux dans les yeux. Donner ce que j'ai de mieux. Le challenge de mon prochain album, c'est « qu'on s'amuse ». Que les gens qui veulent du noir regardent le journal télévisé et que ceux qui préfèrent du joyeux écoutent mon disque. Il correspond à mon état d'esprit actuel, positif.

La première chose à savoir dans ce Métier, c'est que personne n'a vraiment d'idée pour toi. Les gens du Métier arrivent toujours avec des problèmes, rarement avec des solutions.

Très important, ne jamais écouter ce que dit la maison de disques... Un jour, il ne faut pas désespérer, on pourra en dire du bien de ces fameuses maisons de disques.

En attendant, se servir de son instinct. Pour savoir non pas ce que la maison de disques veut, mais ce que le public (c'est-à-dire Michel) veut. De Polnareff.

Pour moi, très vite, la seule façon de parvenir à savoir ce qu'il fallait faire fut de me dédoubler.

Pour faire ce Métier, il faut être en même temps celui qui chante et le fan qui écoute et dit : « Voilà ce que j'ai envie d'entendre. » Sur scène, en concert, je me dédoublais littéralement. Il y avait Polnareff, sous les lights, et Michel qui le regardait du premier rang. Pour certains mouvements, il faut se regarder, se voir. Ça tombe bien. Tel un miroir virtuel, Michel regarde Polnareff. Mon conseil à tous ceux qui ne sont pas capables de ce petit exercice est d'oublier ce Métier.

Ce système bicaméral peut comporter des risques. Qui commande ? Michel ou Polnareff ? Impossible de tricher là-dessus.

Il faut que ce soit Michel.

Je le répète, notre Métier n'est pas sans danger.

Se prendre trop pour la personne qu'on projette, c'est là où est le piège.

Je le sais, je suis passé par là à une certaine époque.

Maintenant, quand il faut que je redevienne Polnareff, ce n'est pas pour moi, c'est pour les autres.

Le monde de mon inspiration est ouvert, ce qui rend parfois le processus très long.

Sur mon prochain disque, inconsciemment, je crois parvenir à faire fusionner plusieurs périodes de Polnareff. Toutes les époques ont eu leurs qualités.

A mes débuts, on écoutait les Beach Boys, Peter, Paul And Mary, des voix, des guitares, il n'y a pas plus acoustique. Parfois, surgissait un tambourin... C'était un moment de superproduction. Nous sommes tous allés vers l'électrique, puis vers les synthétiseurs et enfin l'âge des machines est arrivé.

Aux États-Unis, une capsule de plomb a été enterrée avec plein d'objets quotidiens censés représenter la civilisation de notre planète en cas de destruction totale. On imagine les prochains occupants penchés sur ces artefacts du passé. Il y a un numéro de « Rock&Folk » avec ma photo à la une, les poils de ma barbe, le 45 tours d'« On ira tous au Paradis », la photo de mon cul... Bref, tous les jalons de l'histoire de notre civilisation occidentale...

Pour mon prochain album, je me suis imaginé ouvrant la fameuse capsule et en sortant la guitare électrique, la bonne vieille batterie, la basse synthé, la Lynn Drum. Dans un processus d'écriture, je passe de la Soul la plus noire au métal le plus blanc. Intéressante fusion. En même temps, Michel veut que ça reste du Polnareff.

On me dit bon mélodiste. Qu'est-ce qu'une bonne mélodie ? Écoutez la version de « La Vie en Rose » savamment déconstruite à la fin des seventies par Grace Jones et Trevor Horn. Par quel miracle artificieux sa version tient-elle ? Parce que la mélodie est là. Intacte. Servie par une nouvelle ambiance. On pourrait faire la même chose avec « J'ai deux Amours » de Joséphine Baker. Ou n'importe quelle chanson de Charles Trénet.

Pour moi, le plus grand musicien et poète de l'histoire de la musique française était Trénet, toujours terriblement en avance sur son époque. Peu de gens s'en rendent compte aujourd'hui. Mais en son temps, pré- ou post-Seconde Guerre mondiale, Trénet, de par ses tubes et son comportement scénique gay avant l'heure, nous a donné une œuvre que je considère comme totalement stupéfiante. Lorsqu'on parle des grands de la chanson française, on oublie un petit peu trop Charles Trénet. Un auteur surréaliste rare, musicien de jazz, et grand poète en sus. Une nuit, je l'avais rencontré à la Brasserie La Lorraine. Il était avec Brel. Charles Trénet m'a décrété : « Michel Polnareff, je vous décerne le Prix de la nuance. » Que voulait-il donc dire ? On a passé toute la nuit ensemble, tous les trois. Comme Piaf et Brassens, Brel est de ces grands artistes dont on peut regretter la pauvreté sonore et technique des enregistrements. Les derniers disques de Brel datent de l'époque où Led Zeppelin enregistrait « Stairway to Heaven ». Comparons la production... Pauvreté des enregistrements... Archaïque, au point de vue du son. Quel dommage...

Aujourd'hui, et à juste titre, les ingénieurs du son français comptent parmi les meilleurs du monde, particulièrement au niveau des mixages.

Au niveau de la prise de son, la mode des samplings a créé un vide.

Par définition, les sons préenregistrés ne demandent pas une grande connaissance technique.

Nombreux sont ceux qui doivent faire appel à des vieux routiers quand ils veulent, par envie de modernisme à rebours, enregistrer des instruments acoustiques.

Ce qui est vieux devient jeune et ce qui est nouveau peut devenir répétitif.

Je me sens à l'aise dans un compromis digitalo-analogue.

Je suis très critique de ma voix. Coup de bol pour moi, des millions de gens l'aiment. Alors je continue à chanter.

J'ai décidé de ne pas vieillir, seulement de faire grandir « cet enfant que j'étais, jour après jour ».

J'ai connu des vieillards de 18 ans. Ici, dans le désert, des jeunes de 75 ans font tous les jours leur tennis dans une chaleur épouvantable. On a envie de vieillir comme ça. Je ne crois pas à l'âge. Je suis un artiste. C'est lourd à porter. Actuellement j'enregistre un disque. Je ne conduis plus. Je suis si profondément immergé dans ma musique que je deviendrais un danger public au volant. Parfois, j'envie ces chanteurs à qui on prépare tout durant des semaines de studio. Quand les tapis sont prêts, ils viennent, ils posent leur voix, ils repartent.

Mais je ne suis pas ça. Donc il faut que je vous refasse chaque fois la totale.

Dans notre Métier, tout le monde est classé, rangé, étiqueté. Brel est un auteur énorme, tout le monde en convient. Pourquoi ne parle-t-on jamais du Brel compositeur ou du Brassens compositeur ? Et moi, Polnareff, je serais alors à tout jamais « le musicien ». Et le Polnareff auteur ?

On sait que la langue française n'est pas idéale pour le rock'n'roll.

Au départ, partant de la notion que les paroles sont une deuxième musique, je m'obsédais beaucoup sur le son des mots. Je commençais par le franglais, ou le yaourt. Les sons du yaourt étaient idéaux pour le placement de ma voix. Ensuite il fallait trouver des mots qui sonnent et les coller à la place. C'était mon obsession. Rencontrer

James Taylor m'a rassuré. Il est comme moi, il passe des mois sur des mots, parce que ces mots ne sonnent pas.

Le seul parolier de toute mon histoire qui ait parfaitement collé est Charles d'Orléans. J'ai fait une chanson sur un de ses poèmes. Dans ce cas précis, je ne pouvais pas aller voir Charles et lui dire je n'étais pas d'accord sur le son des mots. Mais, en règle générale, travailler avec moi fut une torture pour mes co-paroliers. En tout cas, je l'espère, parce que ce fut une torture pour moi de voir qu'ils n'avaient absolument pas notion du son des mots et qu'ils ne travaillaient que par rapport à leur signification et non par rapport à leur sonorité. Il est difficile pour moi d'écrire seul. J'ai travaillé très étroitement avec tous mes co-auteurs, parce que j'ai besoin de rebondir. Un jour de 1981, Jean-Paul Dréau me parle d'une idée de « panthère qui va à Lyon ». Je refuse. Mais quelque chose dans l'idée est bonne. Elle m'évoque... un tam-tam. La chanson du même nom ne serait pas née sans cela. Malgré les angoisses de la page blanche, je suis très fier de certains de mes textes tout particulièrement « Je Suis un Homme », « l'Amour avec toi », « Qui a tué Grand-Maman », « Dans la Rue », « Ame Câline ». Dans ce dernier cas, jusqu'à ce jour, absolument personne n'a compris qu'il s'agissait d'une petite annonce dans un journal. Peu importe, moi, je le sais.

Ainsi va la pop.

Que beaucoup abandonnent ces jours-ci me dit-on pour se mettre à écouter du jazz. Parlons du jazz. Les musiciens de jazz se demandent souvent pourquoi ils ne sont pas plus connus. Réponse simple, il y a un manque de générosité. Or quand on est un artiste, il faut de la générosité. C'est une obligation. On dirait que les musiciens de jazz n'ont pas compris cela. Voilà des gens prodigieux en harmonie qui se refusent littéralement à partager avec l'auditeur. Ils ont leur truc. Ils se branlent. Et nous, interdits de baiser, on ne peut que les regarder faire. Coït interdit. La pop ne marche pas comme ça. Comment, vous n'avez pas compris mon accord de septième à moi, Premier prix de Conservatoire à onze ans et demi ? Vous n'avez pas entendu mon sol septième diminué ? Rassurez-vous, je ne suis pas venu vous regarder de haut, je suis là pour partager avec vous ma musique d'une façon instantanée et compréhensible.

En revanche, j'adore l'attitude du batteur des Rolling Stones, Charlie Watts. Lui qui n'aime que le jazz est assis sur son tabouret depuis quarante ans, imperturbable, à jouer cette musique qui n'est absolument pas celle qu'il veut faire. Sauf que, faisant partie des Stones, il se doit de le faire quand même.

Comme lui, j'adore le jazz. Michel Legrand est passé un jour par mon studio. Ce n'est pas un pianiste, c'est une pieuvre. Le regarder jouer est extraordinaire. Lui est de ces grands mélodistes qui ont la gentillesse de faire partager. Il a tout compris, comme Quincy Jones. Ceux-là ont réalisé qu'il fallait descendre du podium pour se mettre au niveau de la compétition et de la compréhension du pauvre public qui n'a pas eu la chance d'étudier l'harmonie avec la grande Nadia Boulanger. Tout le monde n'a pas non plus eu la chance de se ramasser des coups de ceinturon dans la gueule devant un piano dès l'âge de cinq ans.

*RENDEZ-VOUS*

Pour mon prochain album, mon premier disque depuis le Live au Roxy de 1996, je n'ai pas envie de touiller dans le sombre.

Et puis je n'aime pas faire du ton sur ton.

Pendant la Seconde Guerre mondiale, les gens entendaient des trucs de danse signés Glenn Miller, Trénet ou Tommy Dorsey. Dans les moments difficiles, on a besoin de chansons entraînantes. En 1999, j'ai donc sorti un simple intitulé « Je rêve d'un Monde ». On dirait cette chanson anti-guerre écrite pour l'heure que nous sommes en train de vivre. Je passe mon temps à refuser de la mettre sur mon prochain album. Ne me taxez pas d'opportunisme...

J'ai écrit ce livre parce que, grâce à mon Polnaweb.com, ligne téléphonique personnelle avec le public, je ressens l'envie générale de ceux qui m'écrivent de connaître Polnareff un petit peu mieux.

Sur mon site Web, il y a aussi une génération de quatorze, quinze ans, qui découvre mes chansons, écoute « Sous quelle étoile suis-je Né » et vibre à nouveau, me le dit et me l'écrit.

Dans mes chansons, tout est en général assez camouflé, bourré de sous-entendus. J'ai l'impression qu'on a envie d'en savoir un peu plus.

Donc je raconte certains passages de ma vie. J'ai décidé de ne pas régler mes comptes dans ce livre. Toute ma vie je me suis arrangé pour dire les choses qui ne me plaisaient pas en face et c'est en face que je continuerai, pas par écrit.

A part Eminem, que s'est-il passé de révolutionnaire au cours des vingt dernières années ? Peu de chose. J'aime Eminem. Eminem, il est un peu famille. Et puis je le trouve super-courageux. Dire du mal des homos dans le milieu musical, c'est tout sauf chercher à être commercial, au départ. Rythmiquement les morceaux d'Eminem sont doublement intéressants, car ses paroles sont une seconde rythmique. Il y a ensuite ses textes. Mais on sait bien qu'il ne va pas faire ce qu'il chante. Pas plus que Clint Eastwood ne tue des gens dans les films de la série « Inspecteur Harry ». Et moi, quand je chante « Hey you Woman », je peux confirmer que personne ne m'a jamais enfermé dans un réfrigérateur non plus.

Et les femmes ? Je me suis retenu. Je ne peux pas tout dire. Je n'aime pas citer de noms... Pourtant, elles sont toutes là, dans ma tête. Les femmes sont indispensables dans ma vie. Elles m'ont fait du mal et du bien. Je suis tombé sur des femmes désespérantes dont j'étais désespérément amoureux. Je n'aime pas faire souffrir les femmes. J'ai besoin de les faire rire, de les séduire, ça me rassure, ça me fait du bien. J'en ai beaucoup plaqué, mais pas assez vite. J'ai souvent dépassé les limites de prolongation, regardé le truc trop longtemps. A un moment, il n'y a plus rien à voir, c'est comme ça, faut se casser. Les femmes, c'est pas de la pâte à modeler.

Les femmes, c'est du granit.

Comment, en ayant fait aussi peu de disques et en faisant aussi peu parler de moi, puis-je autant manquer à mon public ? Par quel miracle des enfants âgés de sept ou huit ans postent-ils des dessins naïfs et touchants à la fois sur mon site Web ?

La communication est ma passion. Mes chansons sont des boomerangs. On m'envoie des signaux, je traduis ces signaux à ma façon et renvoie des chansons.

J'ai fait des stages de voyeurisme chez les Briards et chez les Pyrénéens.

Je suis allé regarder comment les gens vivent. Mon inspiration est là. Je sens les fantasmes des gens, leurs envies que souvent ils ne savent pas exprimer eux-mêmes. Toute ma mission est de les traduire pour eux, en leur renvoyant le boomerang sous une forme artistique. Quand j'écris « Y'A que pas pouvoir qu'on Peut », je constate que nous vivons tous dans un monde de plus en plus policé. Avec beaucoup de règles. Beaucoup de murs. Un monde difficile. Je suis loin d'être résigné et je continue le combat. A ma façon. Dans ce monde où chaque geste est interprété, commenté, je trouve que la liberté de chacun est en péril pour sauver la liberté collective.

La position des artistes est devenue essentielle du fait de la faiblesse de la politique du manque de solutions.

Le public le sait, sa désillusion est perceptible, intense. Il ne vote plus pour quelqu'un mais contre celui qu'il ne veut pas. Gauche, droite ? La gauche passe son temps à prouver qu'elle peut être très méchante s'il le faut, la droite à montrer qu'elle n'est pas si méchante que ça.

Aujourd'hui, seuls les résignés se résignent à être contents. Ce n'est pas mon cas. Si on dort sans rêves, le sommeil ne sert à rien. Il faut rêver. Dans ce grand sommeil collectif, je veux continuer à amener le rêve.

Marchand de sable contre marchands de sabres.

Et tout étant sexe, je m'en vais de ce pas tirer ma révérence...

Californie 2003-2004

*l'ensemble de ce livre est dédié à annie fargue*

mer sea à philippe manœuvre.

mer sea à tous ceux qui pensent mériter d'être remerciés,
désolé si j'en oublie quelques uns, mais je suis sûr qu'ils se
reconnaîtront.

mer sea à mon alter ego l'amiral du polnaweb.com,
celui qui écrit
à l'ancre rouge

mer sea à d.

une pan c m u pour
marc delachaux, johnny kirsh, michel bernholc

et surtout,
merci à michel, le vrai fan inconditionnel de polnareff

fais comme tu 100,
100 pas comme tu fais

TABLE

*Introduction*. . . . . . . . . . . . . . . . . . . . . . . . . . . 7

I. Qui aime bien châtie bien, mon père devait m'adorer. . . . . . . . . . . . . . . . . . . . . 13

II. Beatnik sur la butte (et non pas...) . . . . . 43

III. Sous quelle étoile . . . . . . . . . . . . . . . . . . 63

IV. Cherchez la Fame. . . . . . . . . . . . . . . . . . 73

V. Marrakech Express . . . . . . . . . . . . . . . . . 95

VI. « Polnareff's ». . . . . . . . . . . . . . . . . . . . . 107

VII. Georgia on my mind . . . . . . . . . . . . . . . 119

VIII. J'affiche mon cul . . . . . . . . . . . . . . . . . . 125

IX. Made in Japan . . . . . . . . . . . . . . . . . . . . 133

X. L'arnaque . . . . . . . . . . . . . . . . . . . . . . . . 147

XI. Retour en force et en Belgique . . . . . . . . 165

XII. Lettre à France . . . . . . . . . . . . . . . . . . . . 175

XIII. Melod' Yeux........................ 181

XIV. Des tigres au Gabon Un serpent à plumes au Mexique.. ...................... 187

XV. Incognito ........................ 201

XVI. Le Royal Monceau ou la Libidodo...... 223

XVII. Les Vaches à Cidre.................. 235

XVIII. Live at the Roxy .................... 245

XIX. Syndrome de Stockholm.............. 257

XX. Finale, première ou : « Le Prix de la Nuance » ......................... 265

*Cet ouvrage a été composé et imprimé par*

FIRMIN DIDOT

GROUPE CPI

*Mesnil-sur-l'Estrée*

*pour le compte des Éditions Grasset*
*en novembre 2004*

*Imprimé en France*
Dépôt légal : novembre 2004
N° d'édition : 13500 – N° d'impression : 67661
ISBN : 2-246-66261-3